Katzenratgeber

Wie Sie Ihre Katze Artgerecht halten. Katzenernährung – Katzenerziehung – Katzenpflege – Katzenkrankheiten – Click Training für Hauskatzen. Die Katzenrasse finden die zu Ihnen passt. Katzensprache verstehen.

1. Auflage

ISBN: 9798741819739

Vorwort – Einleitung

Liebe Leserinnen. Liebe Leser.

Wir bedanken uns für Ihr Interesse an unserem Katzenratgeber. Als Einleitung möchten wir Ihnen die Geschichte der Hauskatze erzählen. Wir wünschen viel Spass beim Lesen.

Die Geschichte unseres Stubentigers.

Für Katzenliebhaber sind sie die Verkörperung von Schönheit und Anmut, ihre Kritiker halten Katzen aber für unaufrichtig und etwas zu träge Diese Meinung und Faszination besteht schon seit langem und reicht Tausende von Jahren zurück.

Die Ahnen von allen heute in unserer Gesellschaft lebenden Miezen kommen ursprünglich aus dem Nahen Osten und wurden dort ziemlich sicher auch domestiziert.

Im Anschluss verbreiteten sich die Tiere dann über die ganze Welt, schließt ein internationales Wissenschaftlerteam aus mehreren Genvergleichen zwischen Haustierkatzen und diversen wilden Tieren.

Wie die Ergebnisse zeigen, ähnelt das Erbgut der heutigen Stubentigern am stärksten dem der früher wild lebenden Raubtieren, die heute noch in den Wüsten von Israel sowie Arabiens und noch anderen Ländern des Nahen Ostens leben. Weiter konnten die sehr zahlreichen Forscher bis zu sechs Abstammungslinien für die heutigen Stubentiger identifizieren, was nahelegt, dass sie auf mindestens sechs Urmütter zurückgehen.

Der älteste Beweis eines Zusammenlebens von Mieze und Mensch ist ca. 8.500 Jahre alt und stammt aus Zypern. Wo die Mieze jedoch ursprünglich herkam, war bislang unklar, da die Evolution nur schwer nachvollziehbar ist. Das liegt zum einen an der großen Ähnlichkeit der verschiedenen Unterarten der Wildkatze und zum anderen an den häufigen Kreuzungen der Unterarten untereinander, die die genetischen Spuren der Urahnen verwischen.

Um die ganz genauen Verwandtschaftsbeziehungen nun genauer zu klären, verglichen die vielen Wissenschaftler das Erbgut von knapp 2.000 Miezen, darunter verwilderte und gezüchtete Hauskatzen, europäische Wildkatzen, auch die Falb Katzen aus Nord Afrika, Steppen Katzen aus Asien und zu aller Letzt die chinesischen Wüsten Katzen.

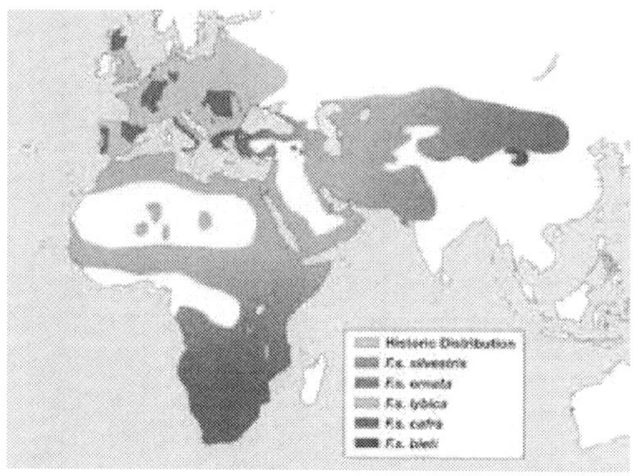

Auf Basis der betrachteten genetischen Merkmale ließen sich die Wildkatzen in etwa sieben Gruppen einteilen, schreiben einige Forscher. Eine europäische, eine zentralasiatische, eine aus dem Nahen Osten, eine aus Südafrika, eine aus Südamerika, eine aus China und die Gruppe der Sandkatzen, die jedoch zu einer anderen Art gehören.

Alle dabei untersuchten Tiere gehörten ebenfalls in die Gruppe der Wildkatzen aus dem Osten, deren Abstammungslinie bereits über 150.000 Jahre alt ist. Diese sehr starke Ähnlichkeit lege nahe, dass die Vorfahren der Stubentiger aus der Region um den besonders fruchtbaren Halbmond im Norden der arabischen Insel stammen, so oft die zahlreichen Forscher in verschiedenen Theorien.

Im Vergleich zu anderen Haustieren wurden die Miezen ursprünglich wohl nicht als Nutztiere gehalten, sondern als eine Art nützliche und vertraute Mitbewohner wahrgenommen.

Zurück geht diese Wohngemeinschaft oder auch Zweckgemeinschaft wohl auf die ersten Bauern im fruchtbaren Halbmond.

Ihre Getreidelager zogen die Nagetiere aus der Umgebung an, die wiederum die wilden Katzen zu den Bauernhöfen lockten.

Die nützliche Fähigkeit der Tiere, die lästigen Nager zu eliminieren, war es nach der Weitverbreiteten Theorie auch, die die Menschen dazu brachten, die Tiere zu zähmen, so dass sie sich schließlich über die ganze Erde ausbreiten konnten.

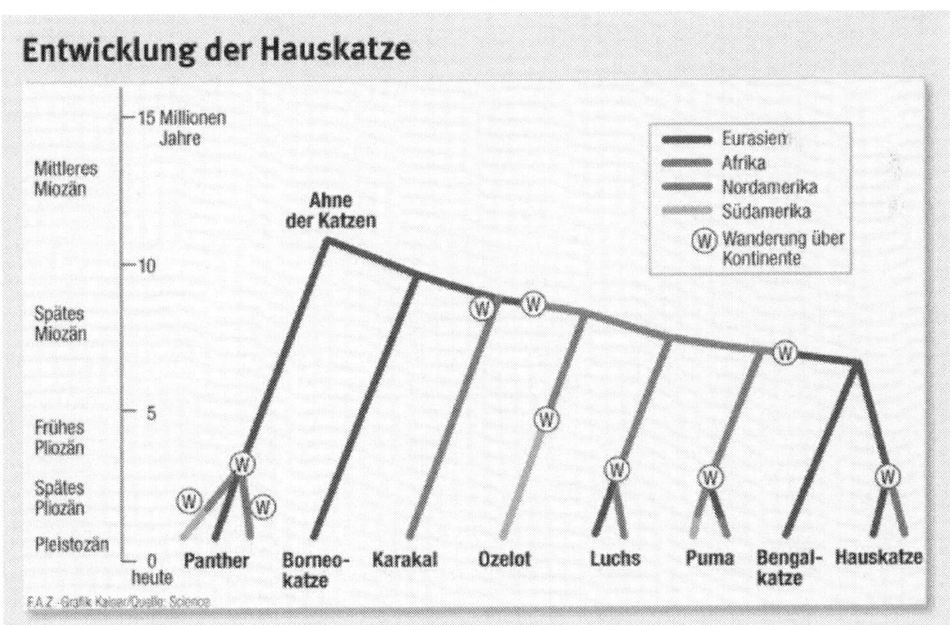

Über die vielen Jahre hinweg sind die Katzen zum beliebtesten Haustier im Deutschsprachigen Raum geworden. Allein in Deutschland, Österreich und der Schweiz, leben im Jahr 2021 über 16,5 Millionen Katzen! Nahezu in jedem vierten Haushalt lebt somit eine Katze. An diesen gewaltigen Zahlen sieht man wie unglaublich beliebt dieses wunderbare Tier ist.

Hauptteil

Abschnitt 1

Die Seriöse Vorbereitung auf eine Katze!

Bevor Sie sich dazu Entscheiden eine oder mehrere Katzen in Ihren Haushalt aufzunehmen, sollten Sie die folgenden zehn Punkte unbedingt beachten!

Die Katze ist ja das mittlerweile beliebteste Haustier im Deutschsprachigen Raum, doch sehr viele Menschen unterschätzen die Zeit, die ein Stubentiger und seine Versorgung oft in Anspruch nehmen. Auch deswegen warten in Deutschen Tierheimen so viele Katzen auf ein neues Zuhause wie sonst nirgends. Um nicht etwa selber eines schönen Tages vor der Entscheidung zu stehen, ob Sie Ihre Katzen wieder abgeben sollten, ist es wichtig sich vor dem Katzenkauf umfassend und seriös zu informieren.

Auch in einer Mietwohnung ist die Katzenhaltung absolut möglich, sofern sie laut Ihrem Mietvertrag erlaubt ist. Im Idealfall ist die Katze seit sie klein war daran gewöhnt. Eine Mieze, die zum Beispiel jahrelang auf einem Bauernhof gelebt und stets Mäuse gejagt hat, wird sich in einer drei-Zimmer-Wohnung wahrscheinlich nicht gerade besonders wohlfühlen.

Aber natürlich auch jeder andere Stubentiger braucht in der Wohnung Spiel-Beschäftigungs- und auch Klettermöglichkeiten. Hier eignen sich besonderes Katzenspielzeug und auch ein abwechslungsreicher Kratzbaum. Haben Sie den erforderlichen Platz für diese Dinge oder sind Sie bereit, ihn dann allenfalls zu schaffen?

Zudem sollten Sie bedenken, dass eine Mieze nicht so gerne sieben oder acht Stunden oder auch noch länger ganz für sich bleiben möchte.

Berufstätige Menschen sollten bei der reinen Wohnungshaltung von daher über eine zweite Mieze zwingend nachdenken.

Wenn Ihre Wohnung etwa über einen geräumigen Balkon verfügt, sollte dieser aber unbedingt mit einem guten Katzennetz gesichert sein.

Schließlich soll die Mieze nicht beim Klettern etwa abstürzen und sich böse und schwere Verletzungen zuziehen.

Haben Sie die Möglichkeit, Ihrer Katze genügend Freilauf zu gewähren, sollte sich im Idealfall keine zu stark befahrene Straße in der Nähe befinden. Alternativ können Sie auch über ein gut gesichertes Freigehege im Garten nachdenken.

Die Katzenhaltung kann, gerade in der Wohnung, jeden Tag mehrere Stunden in Anspruch nehmen. Die Behälter für die Nahrung und Trinken müssen gereinigt und Katzennahrung und Wasser stets nachgefüllt werden. Auch die Toilette müssen Sie jeden Tag säubern, damit Ihre Katze auch glücklich und zufrieden ist.

Je nachdem für welche Katzenrasse oder Art Sie sich entscheiden muss auch genügend Zeit für die Fellkleid Pflege eingeplant werden. Spiel- und auch Kuschelstunden dürfen hier natürlich auch auf keinen Fall fehlen.

Vor dem Katzenkauf müssen Sie sich deswegen im Klaren sein, dass es sich um ein Lebewesen handelt, um welches Sie sich kümmern müssen, auch wenn Sie müde und erschöpft sind oder vielleicht gerade viel lieber andere Dinge tun möchten.

Nehmen Sie sich unbedingt genug Zeit, die folgenden Fragen zu beantworten und seien Sie bitte dabei ehrlich zu Ihnen selber. Es wird weder Sie noch die Mieze glücklich und auch zufrieden machen, wenn Sie die notwendigen Bedingungen für die Katzenhaltung zu diesem Zeitpunkt vielleicht noch nicht erfüllen können.

Überstürzen Sie den Kauf bitte nicht und schaffen Sie, wenn nötig, zuerst die sehr notwendigen und wichtigsten Voraussetzungen für den Einzug der lieben Katze.

1. Ist Katzenhaltung in meiner Wohnung oder meinem Haus erlaubt?

Vor dem Kauf eines Stubentigers sollten Sie sich zunächst ganz sicher sein, dass Sie einen Stubentiger auch halten dürfen. Wenn Sie im Mietvertrag keine entsprechenden Angaben finden können, sollten Sie sich die Zustimmung Ihres Vermieters einholen.

2. Sind Sie überhaupt so weit, die kommenden zehn bis zwanzig oder sogar fünfundzwanzig Jahre, für Ihren Stubentiger sehr viel Zeit zu opfern?

In der Wohnungshaltung können Stubentiger bis zu 25 Jahre alt werden. Sind Sie gewillt sich so lange für die Mieze zu opfern (viel Zeit) und wenn nötig auch ein altes und möglicherweise krankes Tier zu versorgen.

3. Haben Sie ausreichend Zeit für eine Katze. Bin ich auch bereit zwei Katzen zu halten?

Auch Stubentiger können natürlich einsam sein. Bis auf wenige Ausnahmen sollten sie in der Wohnung deswegen nicht alleine gehalten werden. Haben Sie die erforderliche Zeit, und die finanziellen Mittel und den nötigen Platz für zwei Tiere. Zwei Toiletten für die Miezen und einen großen Kratzbaum müssen Sie zwingend unterbringen können.

4. Wer schaut und versorgt die Katzen, wenn Sie in die Ferien fahren oder wenn Sie etwa krank sind?

Auch wenn Sie gerade keine Ferien planen, sollten Sie sich immer fragen, wer sich während Ihrer Abwesenheit um die Tiere sorgen könnte. Wer versorgt die Mieze, wenn es Ihnen krankheitshalber nicht möglich ist. Gibt es in Ihrem Umfeld oder auch Ihrem Freundeskreis einen Menschen, wo diese Aufgabe übernehmen könnte.

5. Haben Sie die nötigen finanziellen Mittel, um zwangsläufig anfallende Kosten zu stemmen?

Zu den normalen laufenden Kosten für Katzennahrung und Katzenstreu, werden nach dem Katzenkauf noch andere Ausgaben auf Sie zu kommen. Kosten für den Tierarzt zum Beispiel sollten Sie auf jedem Fall planen. Regelmäßige Impfungen und Wurmkuren sind vor allem bei einer Katze mit Freigang absolut Notwendig.

Auch wenn die Mieze krank wird, muss sie medizinisch versorgt werden. Gegebenenfalls benötigt sie dann Medikamente oder auch kostenintensive Spezialnahrung. Wenn Sie etwa nicht züchten möchten, müssen Sie das Tier wahrscheinlich dann noch kastrieren lassen. Auch diesen Betrag müssen Sie berücksichtigen.

6. Sind Sie bereit zu akzeptieren, dass ein Stubentiger für Schmutz und zweifellos Unordnung sorgt und dass dabei auch mal Dinge kaputt gehen?

Sogar eine oft noch so liebe Katze kann schon mal ihre scharfen Krallen versehentlich an einem möglicherweise teuren Möbelstück wetzten oder gar einen Blumentopf von der Fensterbank stoßen. Langhaarkatzen spucken, gerade dann wenn sie nicht genügend gebürstet werden, auch mal Haarbälle auf den schönen frisch gereinigten Teppich. Kleinere Schäden sollten Sie bei der Katzenhaltung jederzeit in Betracht ziehen.

Ebenso einzelne Katzenstreukrümel, herumliegendes Katzenspielzeug und lose Haare sollten Sie nicht sehr stören. Im Weiteren sollten Sie die Katzentoilette jeden Tag säubern und auch mit den nicht ganz zu vermeidenden Gerüchen leben können. Wenn Sie mit einer Katze zusammenleben, müssen Sie auch unbedingt mit einem Mehraufwand beim Putzen rechnen.

7. Sind Sie auch bereit zu akzeptieren, dass eine Mieze nur bedingt erziehbar ist?

Die meisten Stubentiger wissen zwar genau, was sie dürfen oder sollten und was nicht. Aber immer daran halten tun sie sich aber nur, wenn sie es nach Lust und Laune eben gerade wollen. Niemals sollten Sie von einer Mieze denselben Gehorsam und dieselbe Lernbereitschaft wie etwa von einem Hund erwarten.

Es gibt aber jedoch durchaus lernwilligere Katzenrassen, aber trotzdem wird die Katze meist das tun, wonach sie gerade Lust hat. Bis zu einem gewissen Grad können Sie bestimmte Dinge steuern, jedoch ist die Wahrscheinlichkeit groß, dass die Mieze spätestens in Ihrer Abwesenheit alle Regeln und Verbote bei Seite lässt.

8. Können Sie eine Katzenhaarallergie bei Ihnen und Ihrem Umfeld (Familie) gänzlich ausschließen?

Allergien sind sehr oft ein Grund bei der Zwangsabgabe von Haustieren. Vor dem Katzenkauf sollten Sie deswegen eine Katzenhaarallergie bei Ihnen und Ihren Familienmitgliedern zwingend verneinen können. Auch an häufige Besucher sollte ebenfalls gedacht werden. Befinden sich in Ihrem Umfeld Katzenhaarallergiker? Und können Sie nötigenfalls damit umgehen, wenn Sie sich in Zukunft an einem anderen Ort mit ihnen treffen müssten?

9. Können Sie garantieren, dass die Bedürfnisse Ihrer Mieze von allen Familienangehörigen und natürlich ebenfalls auch von den Besuchern respektiert werden?

Besonders die Kinder möchten natürlich eine Mieze oft berühren oder in die Arme nehmen. Aber ist das stets auch das wo die Katze möchte?

Möchte sich der Kater oder die Katzendame lieber etwas entfernen, sollte er oder sie das auf jeden Fall auch dürfen. Tiere können ja bekanntlich etwa nur eingeschränkt mit uns Menschen reden!

Deswegen müssen Sie den Kindern und unerfahrenen Menschen erklären, wie sie mit der Mieze genau umgehen sollten. In gewissen Fällen müssen Sie die Bedürfnisse Ihrer Katze dabei über die Wünsche Ihrer Familienangehörigen und Freunde stellen.

10. Sind Sie auch bereit sich ebenfalls um eine alte und kranke Mieze zu sorgen?

In absehbarer Zeit wird nämlich aus Ihrem kleinen Kätzchen eine alte Mieze. Mit dem Alter kommen ja bekanntlich sehr oft gerade Krankheiten und andere Beschwerden.

Das ist ja bei uns Menschen nicht anders. Sind Sie bereit sich auch noch um die Katze zu sorgen, wenn sie ein schon Fortgeschrittenes hohes Alter erreicht hat und nicht mehr so gut spielen kann, sondern häufig nur schlafen und ihre Ruhe haben möchte? Würden Sie immer zum Wohlergehen der Mieze entscheiden, auch wenn es für Sie nicht einfach ist?

Ok, wenn Sie alle Fragen mit einem überzeugenden „Ja" beantworten können, steht dem Katzenkauf eigentlich nichts mehr im Wege. Nun sollten Sie nur noch herausfinden und entscheiden welche Katzenrasse am besten zu Ihnen passt, und ob Sie eine Katze oder lieber einen Kater halten möchten und welches Alter und noch vieles mehr! Dann gilt es nur noch die Katze zu finden, mit der Sie viele Jahre zusammenleben möchten. Damit Sie das richtige Tier für Sie finden, helfen wir Ihnen gerne in der Nachfolgenden Lektüre.

Gedanken die Sie sich vor dem Katzenkauf machen sollten. Ich habe Ihnen die sechs wichtigsten aufgeschrieben.

Wenn Ihr Euch eine Samtpfote ins traute Heim holen möchtet, solltet Ihr Euch davor sehr gut über die verschiedenen Rassen und Anforderungen erkundigen, damit Eure Mieze wenn möglich auch zu Eurer Lebenssituation passt. Hier gilt es nicht nur die organisatorischen oder finanziellen Fragen zu klären, sondern auch, was für eine Mieze es denn sein soll. Das Geschlecht, das Alter und natürlich auch die Rasse sind sehr wichtig in der Haltung des Tieres.

Welche Katze passt am besten zu Ihnen?

A) Welchen Charakter sollte die Katze haben?

Bei der Stubentigerwahl sollte man zunächst fragen, was erwarte ich von meiner künftigen Mieze.

Möchte ich lieber Action oder doch besser Ruhe, wenn ich nach Hause komme. Möchte ich mit der Mieze spielen oder ist mir eine zurückhaltende Mieze doch lieber. Hier ist es sicher hilfreich, wenn der Vorbesitzer oder Züchter den Charakter gut beschreiben kann.

Bei schon erwachsenen Katern und Katzen solltet Ihr Euch auf jeden Fall über die Charaktereigenschaften des Tieres erkundigen. Bei jungen Tieren könnt Ihr natürlich ebenso nach der Einschätzung nachfragen.

Im Weiteren kann man sich an typischen auf die jeweilige Rasse bezogenen Charakterzügen orientieren.

Kontaktsuchende Tiere sind aufgeschlossen und offen gegenüber neuen Situationen und ihren Menschen. Sie sind sehr neugierig und lebhaft. Dazu gehören zum Beispiel die Siam, die Orientalen und die Abessinier Miezen.

Ruhige und ausgeglichene Stubentiger sind zum Beispiel die Perser, auch die Exotische Shorthair und die Ragdoll.

Sensibel sind oft die Rassen, welche zur Orientalischen Art gehören, aber auch Rassen wie die Nebelung und die Russisch Blau.

Alle Miezen sind und bleiben aber ein Individuum. Zum Teil können die Miezen sogar das Gegenteil von ihren rassetypischen Charaktereigenschaften zeigen. Es ist deshalb immer wichtig, das Tier und seine Vorgeschichte und bisherigen Erfahrungen kennenzulernen und sich persönlich ein Bild von dem Wesen der Mieze zu machen.

Wenn eine Mieze schüchtern ist, so ist das oft nicht rassebedingt, sondern kommt bei vielen Tierheimtieren oder bei manchen Kitten, die das kleinste Tier eines Wurfes sind, aufgrund ihrer Vorerlebnisse vor.

B) Ein Jungtier oder erwachsene Katze.

Es ist völlig Egal ob Ihr Euch für ein Katzenbabys oder eine erwachsene Katze entscheidet, beides hat seine Vor- und Nachteile, die man aufgrund seiner persönlichen Situation beurteilen sollte.

Sehr schön bei einem Jungtier ist natürlich, dass man es aufwachsen sieht und kleine Miezen einfach sehr süß sind. Sie sind sie sehr verspielt, ein wenig unbeholfen und bringen einen nicht nur zum glücklich sein, sondern auch zum Schmunzeln. Die Beziehung zwischen Mensch und Tier kann zudem stärker geprägt werden, da die Mieze bei und mit Euch aufwächst und lernt.

Aber natürlich sind kleine Stubentiger auch sehr anstrengend, was nie außer Acht gelassen werden sollte. Ihr solltet Euch ausreichend Zeit für Euren Liebling nehmen und ihn an das neue Zuhause gewöhnen. Im Weiteren benötigt Ihr vielleicht extra Zubehör oder Nahrung für Jungtiere und müsst die Kleinen auch öfter füttern, als die erwachsenen Stubentiger.

Bei den Rassekatzen kann sich das Erscheinungsbild, zum Beispiel die Fellfarbe oder die Augenfarbe zwischen Kitten- und Erwachsenen noch sehr verändern. Erwachsen sehen die Tiere sehr oft anders aus. Erkundigt Euch über solche Veränderungen im Vorfeld, besonders wenn Ihr Euch in das Aussehen der kleinen Tiere bereits verliebt habt. Im Idealfall seht Ihr etwa beim Züchter die Elterntiere.

Die Vorteile einer ausgewachsenen Mieze. Wenn der Vorbesitzer bekannt ist oder wenn man sich für eine Mieze aus dem Tierheim entscheidet, kann der Charakter von den Betreuern sehr gut beschrieben werden, da er bereits gefestigt ist. Hat man etwa kleine Kinder oder leben noch andere Haustiere im Haushalt, ist eine Mieze, die an solche bereits gewöhnt ist, am besten geeignet.

Auch haben die meisten ausgewachsenen Katzendamen und Katzenherren ein ruhigeres Wesen als kleine Miezen. Das kommt aber wiederum auch auf den individuellen Charakter drauf an.

Ein Nachteil etwa von erwachsenen Miezen ist aber, dass sie durch ihre individuellen Erfahrungen mit Menschen vielleicht auch negativ geprägt sein können oder schon verfestigte Verhaltensprobleme haben. Darüber solltet Ihr Euch zwingend im Tierheim oder beim Vorbesitzer informieren, wenn Ihr Euch für eine ausgewachsene Katze entscheidet. Oft kann man viele Probleme mit dem richtigen Training beheben, dazu muss man aber auch bereit sein.

C) Eine Katzendame oder einen Kater.

Der einzige Unterschied besteht danach nur darin, dass Kater in der Regel größer und fülliger werden, als die Damen. Wenn keine Zucht geplant ist, sollten sowohl die Katzendame als auch der Katzenherr kastriert werden. Die Kastration geht in der Regel ohne Probleme von statten, kann aber dazu führen, dass die Stubentiger etwas ruhiger werden. Ist das so, muss die Nahrungsration der Tiere an die geringere Aktivität angepasst werden.

Im Grunde kann das Geschlecht noch eine gewisse Rolle beim Verhalten der Tiere spielen. Die Kater gelten manchmal auch als dominanter aber weniger mürrisch, dafür sind einige von ihnen etwas unnahbarer. Dies ist aber auch von Tier zu Tier vollkommen verschieden. Macht Eure Entscheidung deswegen nicht vom Geschlecht abhängig, sondern wählt die Mieze die Euer Herz erobert hat!

D) Einzelhaltung oder vielleicht mehrere Katzen.

Wenn Sie reine Wohnungskatzen halten möchten und arbeiten oder sonst viel auswärts sind, sollten Sie auf keinen Fall eine Einzelmieze halten, sofern es nicht zwingend für die jeweilige Rasse oder individuelle Katze empfohlen wird.

Denn manche Stubentiger sind Einzelgänger und mögen zum Teil wegen ihrer Vorgeschichte einfach keine anderen Stubentiger neben sich.

Sonst ist es am besten und einfachsten, Geschwister aus dem gleichen Wurf oder zwei befreundete Miezen zu nehmen.

So können sich die Tiere in der neuen, fremden Umgebung gegenseitig auch Unterstützung geben und es kommt wahrscheinlich nicht zum Rayon-Krieg.

E) Eine Rassekatze oder doch besser eine Hauskatze.

Die aller meisten im Deutschsprachigen Raum gehaltenen Stubentiger sind Hausmiezen oder aber dann Mischlingskatzen ohne eigentlichen Stammbaum. Die Fellkleid-Farben und die Größe der Miezen unterscheiden sich stark, da es natürlich keinen Standard wie bei Rassekatzen gibt. Etliche von ihnen warten auch im Tierheim auf ein gutes neues schönes, und dauerhaftes Zuhause.

Wenn Ihr Euch aber dennoch für eine Rassekatze entscheidet, solltet Ihr die unterschiedlichen Haltungsvorgaben, Rassetypischen Charakterzüge oder auch die Pflege-Ansprüche beachten.

Auf Ausstellungen kann man sich die vielen verschiedenen Rassen zudem anschauen und bereits erste Kontakte mit Profizüchtern knüpfen. Seriöse Züchter stehen Euch auch immer mit kompetenten Fachkenntnissen zur Seite und beantworten sicher alle Eure Fragen zu der jeweiligen Rasse.

F) Von wo soll die Mieze herkommen.

Eine Mieze kann auf diversen Wegen zu einem gelangen. Auf keinen Fall sollte man sie jedoch im Fachhandel kaufen, da dort sehr oft viel zu junge Miezen angeboten werden und sie dort meistens nicht artgerecht versorgt werden können.

Wenn jemand aus Eurem Freundeskreis oder Bekanntenkreis eine Mieze abzugeben hat wegen persönlichen oder anderen Umständen oder weil auch vielleicht unerwartet Nachwuchs ins Haus stand, solltet Ihr die Chance packen und es langsam angehen.

Lernt zuerst die Mieze bei mehreren Besuchen gut kennen, fragt immer nach den Gewohnheiten und Eigenarten und bittet bei der Übernahme des Tieres um die bereits eingelegene Katzendecke und die bevorzugte Katzennahrung. Ein weiterer Vorteil ist, dass der Kontakt zu den Menscheneltern der Mieze auch über viele Jahre hinweg bestehen bleibt und weitere Fragen jederzeit gestellt werden können.

Eventuell dürft Ihr sogar die Ferienbetreuung der Mieze übernehmen. Wichtig ist zudem auch bei Freunden und Familie solltet Ihr darauf achten, dass die Mieze bei Abgabe gesund und komplett geimpft und entwurmt ist.

Eine Rassekatze kauft man im Idealfall von einem eingetragenen und serösen bekannten Katzenzüchter.

Sowohl im Tierheim als auch in Tierschutz-Pflegestellen gibt es sehr viele junge und erwachsene Katzen die auf ein neues Zuhause warten.

Einige der Tierheimkatzen haben leider schon viel Negatives durchgemacht. Sie brauchen unter Umständen eine lange Angewöhnungsphase, viel Geduld und eignen sich hier nicht immer für Menschen die zum ersten Mal eine Mieze haben möchten.

Privatleute, Katzenzüchter als auch Tierheime geben Inserate und Stubentiger Kleinanzeigen auf. Bevor man sich für einen Stubentiger entscheidet, sollte man auf jeden Fall den Inserate-Aufgeber und die Mieze besuchen.

Nur auf diese Weise könnt Ihr Euch die Mieze und ihre Umgebung in Ruhe betrachten und die Ernsthaftigkeit prüfen.

Ab und zu fällt einem tatsächlich eine heimatlose Mieze zu, die auch nicht vermisst wird. Vielfach handelt es sich um Miezen, die ein Zuhause hätten, aber tatsächlich verloren gegangen sind.

Auch immer wieder verwahrloste Miezen können eine um sie sorgende Familie haben. Jedoch sind sie oftmals einfach schon lange nicht mehr nachhause zurückgekehrt. Diese Miezen werden sehr stark vermisst. Läuft Euch eine Mieze zu, solltet Ihr deswegen das Tierheim benachrichtigen und vielleicht auch öffentlich zum Beispiel bei Sozialen Medien darauf hinweisen.

Vielleicht gehört die Mieze gerade einer Familie aus Eurer Region. Wenn der Katzenhalter trotz Suche nicht zu finden ist, spricht natürlich nichts dagegen, dass Ihr dem Stubentiger ein neues Zuhause gebt. Behaltet jedoch stets im Hinterkopf, dass Ihr, sollte sich die Familie der Mieze doch noch melden, Euren Schützling vielleicht wieder abgeben müsst.

Bevor wir nun zur eigentlichen Artgerechten Katzenhaltung kommen, möchten wir die weiter oben unter dem Punkt Charakter einer Katze, bereits kurz erwähnten Katzenrassen, im Detail anschauen. Damit Sie die Katze finden, die am besten zu Ihnen passt. Es gibt natürlich noch viel mehr Katzenrassen. Aber nehmen wir die weiter oben erwähnten einmal genauer unter die Lupe. In einem eigenen Abschnitt stellen wir Ihnen dann im Verlauf der Lektüre noch einige weitere Katzenrassen vor.

Die Siamkatze.

Mit ihren wunderschönen strahlend blauen Augen, ihrem grazilen eleganten Körper und dem liebenswürdigen und intelligenten Wesen wird sie schnell Ihr Herz im Sturm erobern: Hier erfahren Sie, was eine Siamkatze ausmacht und, ob die Rasse zu Ihnen passt.

Unverwechselbares Aussehen

Die Pfoten sind sehr schmal, die Beine sehr lang, der Körper gertenschlank. Die Siam zeichnet sich durch einen eleganten, mittelgroßen Rumpf aus. Somit ist sie nicht so stämmig gebaut wie die Britisch Kurzhaar oder etwa die Perser. Auch die eher spitze Kopfform ist ein typisches Merkmal für diese Rasse.

Siam haben zudem markant größere Ohren als viele der anderen Rassen. Jedoch immer noch proportional zum Körper. Die Ohren sind am Anfang recht breit und aufrecht. Besonders auffällig sind die tiefblauen wunderschönen Augen, die leicht schräg und mandelförmig sind.
Die Einzigartige Fellzeichnung der Siam.

Diese Rasse können Sie oft ganz einfach an ihrer auffällig schönen Farbe erkennen. Die Siam ist eine Teilalbino. Sie ist weiß bis cremefarben und weist eine spezielle Pointierung an Gesicht, Ohren, Pfoten und Schwanz auf.

Bis sich die Fellfarbe final ausgebildet hat, dauert es etwa 8 Monate. Eigentlich gibt es mehr als hundert Farbvarianten, anerkannte Grundfarben sind aber die folgenden.

- Sealpoint Farbzeichnung

- Redpoint Farbzeichnung

- Bluepoint Farbzeichnung

- Lilacpoint Farbzeichnung

- Chocolatepoint Farbzeichnung

Das Haupthaar ist sehr kurz, fein und liegt eng am Tier an. Die Siam hat nur wenig Unterfell. Katzenhalter dürfte das sehr freuen, denn dadurch ist das Fell nicht sehr pflegeintensiv.

Verlieren Siam viele Haare?

Die Siam ist für viele Allergiker gut geeignet. Denn sie verliert nur sehr wenige Haare, an denen sich allergieauslösende Substanzen aus dem Speichel der Mieze im Raum verteilen können. Das ist aber natürlich keine 100% Garantie. Wer sich nicht sicher ist, sollte vorher im Tierheim, beim Züchter oder bei Bekannten testen, wie er auf das Tier allenfalls reagiert. Nachfolgend noch weitere Rassen die ideal für Allergiker sind:

Die Sibirische Mieze - Die Kanadische Spynx Mieze - Die Balinesen Mieze - Die Cornish Rex Mieze - Die Orientalisch Kurzhaar Mieze - Die Ragdoll Mieze - Die Norwegische Waldmieze.

Trotzdem ist es aber hier wichtig, vor dem Kauf gut zu testen, ob Sie auf die entsprechende Mieze allergisch reagieren oder nicht.

Bei Zweifel ist jede Mieze einzigartig, auch wenn sie zu einer Rasse gehört, die eigentlich als verträglich gilt, können deshalb Reaktionen auftreten.

Die Merkmale der Siamkatze.

Herkunft: Aus Thailand.

Größe: Von mittelgroßer Statur.

Lebenserwartung: Etwa 12 – 18 Jahre.

Gewicht: 2 – 4 kg (Katzendame), 4 – 6 kg (Katzenherr).

Fell: Kurzhaarmieze, sehr Dünnes Deckhaar, kaum Unterhaar, Pointierung an Gesicht, Ohren, Pfoten und Schwanz.

Fellfarben: Sealpoint, Bluepoint, Chocolatepoint, Lilacpoint.

Aussehen: Strahlend leuchtende blaue mandelförmige Augen, eleganter Körperbau, keilförmiger Kopf, Ohren mit breitem Ansatz.

Wesen: Anhänglich, manchmal etwas eifersüchtig, gut dressierbar, gutmütig, aber eigenwillig, möchte stets beschäftigt werden.

Die Herkunft und die Entwicklung der Siam.

Der eigentliche Ursprung der siamesischen Kurzhaarmieze ist weitgehend unbekannt, wird jedoch im heutigen Thailand vermutet. Sie könnte von den Tempeltieren des damaligen Siam abstammen. Dort wurden den Stubentigern gar spirituelle Kräfte attestiert.

Die allerersten Siam kamen gegen Ende des neunzehnten Jahrhunderts nach Europa. Sie erreichten zuerst England als Mitbringsel eines Generals. Das Zuchtpärchen Kho und Mio war ein Geschenk für seine Halbschwester Miri Jane Beley.

Diese Miezen wurden im Jahr 1884 zusammen mit ihren Jungen auf der ersten offiziellen Katzenausstellung im Crystal Palace in London gezeigt.

Sieben Jahre später war Miri Jane Beley Mitbegründerin des Siamese Cat Club in England.

Etwa Mitte des zwanzigsten Jahrhunderts erfreuten sich die Tiere bei den Katzenzüchtern stetig steigernder Beliebtheit. Schon früh wurden schlankere Miezen bevorzugt. Durch selektive Zuchtvorgänge entstanden schmalere, und zartere Miezen. Ursprünglich galt die Siam in Thailand nämlich als kräftig und muskulös.

Der Charakter der Siammieze.

Die Rasse gilt als eigenwillig, selbstbewusst und dominant. Sie weiß, ihren Willen durchzusetzen. Auch werden Sie sehr schnell bemerken, wenn sie gerade mit etwas nicht einverstanden ist.

Typische Anhänglichkeit.

Aber auch die Verbundenheit zu ihrem Lieblingsmenschen bringt die Siam sehr klar zum Ausdruck. Sie ist im Vergleich mit vielen anderen Miezen sehr anschmiegsam.

Es kann schon einmal passieren, dass sie Ihnen manchmal durch das ganze Haus oder Wohnung folgt. Nicht wenige nennen sie deshalb auch als Hunde-Mieze. Weitere Eigenschaften der Siamkatze:

- Sie ist sehr verschmust

- Sie ist sehr verspielt

- Sie mag viel Körperkontakt

- Sie ist sehr Menschenbezogen

- Sie ist sehr sensibel

Diese Persönlichkeit und die Art der Siam ist der Grund, warum die Siam als Therapietier bei schwierigen Kindern oder Demenzpatienten eingesetzt wird.

Es handelt sich bei dieser Katzenart sehr häufig um hochintelligente aber auch sehr anspruchsvolle Miezen. Sie lernt sogar zu apportieren, geht an der Leine und Sie können mit ihr kleine Aufgaben üben. Das ist auch wichtig, denn die Mieze möchte beschäftigt werden.

Bis sie Ausgewachsen ist zeigt die Siam ein Verhalten wie ein junges Tier. Ihre grosse Neugierde und Aktivität zeichnen sie in Liebhaberkreisen aus. Fehlt der Mieze die Beschäftigung, sucht sie sich oft auch selbst welche, aber nicht immer zur Freude ihres Menschen.

Sie gehört zu den anspruchsvollen Rassen. Deswegen sollten Neukatzenhalter gut nachdenken, ob sie sich eine Mieze anschaffen möchten. Im Weiteren sollten sie sich vorher mit den Anforderungen auseinandersetzen, die die Siam an ihre Halter stellt. Schließlich möchten Sie sich mit dem lebhaften Tier im Haus ja nicht gleich überfordert fühlen.

In den meisten Fällen handelt es sich nämlich um aktive, energiegeladene Tiere. Auch zählt die Siam zu den redseligen und stimmgewaltigen unter den vielen Rassen.

Die Ernährung der Siam unterscheidet sich im Prinzip kaum von anderen Rassen. Sie können ihr Hochwertige Nass und Trockennahrung geben und ihr mit frischem Fleisch etwas Gutes tun. Jedoch sollten Sie wissen, dass diese Rasse als trinkfaul gilt. Sie sollten also darauf achten, dass sie genug Flüssigkeit zu sich nimmt.

Die Siam können Sie als freilaufende Mieze halten, oder aber auch in einer geräumigen Wohnung oder Haus fühlt sie sich sehr wohl. Sehr oft ist Wohnungshaltung besser, denn diese Rasse sieht im Dunkeln nicht sehr gut und hat auch ein ziemlich dünnes Fellkleid.

In einer Wohnung brauchen die Siam dann aber unbedingt ausreichend Unterhaltungs-, und Klettergelegenheiten. Ein stattlicher Katzenkratzbaum gehört da ebenso dazu.

Die Siam ist nicht so aktiv in der Nacht als etwa andere Arten. Das liegt unter anderem an einer Schicht hinter oder direkt in der Netzhaut im Auge. Sie sorgt für eine bessere Sicht bei Eindunkelung und in der Nacht, ist bei der Siam aber wenig ausgeprägt. Ab und zu hat diese Rasse außerdem Gehörschwierigkeiten.

Im Vergleich zu anderen Katzenarten fordert die Siam sehr oft die Nähe ihres Besitzers ein. Ihre Kontaktlust wird von vielen Besitzern sehr geschätzt. Ebenfalls ist sie nicht gerne zu lange allein.

Sie sollten der Siam also viel Zeit schenken können oder sie mit anderen Miezen halten. Jedoch sollten Sie sicherstellen, dass das Wesen der Miezen zueinander passt.

Wie die Burma hat auch die Siam kein Unterfell, von daher ist es pflegeleicht. Lose Haare können Sie durch wöchentliches herauskämmen entfernen.

Die Siam hat für gewöhnlich eine hohe Lebenserwartung. Jedoch können verschiedene Erbkrankheiten vorkommen, die oft durch eine korrekte Zucht jedoch auszuschließen sind.

Schauen Sie immer darauf, dass Sie Ihre Siam von einem seriösen Halter oder einem seriösen Züchter übernehmen. Prüfen Sie die Papiere und sehen Sie sich an, ob das Tier in einer artgerechten Umgebung aufgewachsen ist.

Leider können auch Krankheiten, die erblich bedingt sind auftreten, das sind etwa im Normalfall die folgenden:

- Mögliche Missbildungen von Gliedmaßen

- Angeborenes Nierenleiden

- Froschsyndrom

- Leber- und Darmkrebs

Auch gibt es noch eine Reihe von Verhaltensstörungen, die erblich bedingt sein können. Dazu gehören etwa die folgenden:

- Übertriebene Angst und Schreckhaftigkeit

- Leichte Aggressivität

- Herauszupfen von Haaren

Die Orientalische Kurzhaar Stubentigerin oder Tiger.

Die Merkmale der Orientalischen Kurzhaarmieze.

Größe: Mittelgroß von ihrer Statur.

Fell: Ist eine typische Kurzhaarkatze.

Farben: Schwarz, Chocolate , Blaugrau, Lilac, Rot, Creme, Fawn und Cinnamon.

Gewicht: 3,5 bis 4,5 Kilogramm (Katzendame) 5,0 bis 6,0 Kilogramm (Kater).

Die Kurzhaarmieze ist eine dem Menschen gegenüber fordernde und schlaue Katze und daher für Neu Katzenhalter eher nicht geeignet. Wer sich gleichwohl in die wunderschöne Katze verguckt, sollte sich genau informieren, das zählt übrigens auch für schon erprobte Katzenbesitzer.

Sie kann einen sehr dominanten, zum Teil etwas sturen Charakter haben, der von Menschen auch als anstrengend empfunden werden kann. Pflegeintensiv ist die Kurzhaar aber nicht. Einmal in der Woche bürsten genügt bei ihrem sehr dünnen Fell im Normalfall.

In einer Wohnung benötigt die sehr schlaue pfiffige Katze abwechslungsreiche Beschäftigungsmöglichkeiten und freut sich auch immer über die Gesellschaft anderer Katzen. Kinder im Haus sind für sie meistens kein Problem. Hunde kann sie dulden wenn sie es denn möchte, dies ist jedoch verschieden und hängt immer von der jeweiligen Katze ab.

Die Kurzhaar ist eine sehr beliebte Rasse die im Prinzip eine Verwandte der Siam darstellt. Bei der Fellzeichnung gibt es zwar verschiedene Farb- und Mustermöglichkeiten, die Statur und das Wesen ähneln aber immer noch dem der siamesischen Vorfahren. Die Katzenrasse kam zustande, weil die Siam und die Russisch Blau in Kurzhaarkatzen eingekreuzt wurden.

Die erste in Grossbritanien anerkannte Kurzhaar im Jahr 1974 war eine kastanienbraune mit grünen Augen, die den Namen Havanna bekam. Etwa 3 Jahre danach wurde die Superrasse auch in den Vereinigten Staaten von Amerika anerkannt.

Neben der Kurzhaarkatze gibt es auch die Langhaarkatze. Bis auf die Länge der Haare, ähneln sich beide Rassen in ihrem Charakter sehr stark.

Die Kurzhaar gleicht in ihrem Auftreten der Siam und ist daher eher wieder für schon etwa katzenerfahrene Besitzer zu empfehlen. Sie ist ausgesprochen intelligent und sehr neugierig. Zahlreiche Exemplare der Kurzhaar sind sogar in der Lage Schubladen und Schrank- oder Zimmertüren zu öffnen!

Die Katze braucht die Aufmerksamkeit ihrer Menschen und fordert diese oft auch lautstark ein.

Genauso wie die Siam gehört die Kurzhaar zu den redebedürftigen Katzen. Auch sie begleitet ihren Lieblingsmenschen oft und gerne durch Haus oder Wohnung.

Das Fellkleid der Kurzhaar ist wie der Name es vielleicht schon vermuten lässt, aufgrund seiner Kürze pflegeleicht. Es ist genug, sie wöchentlich mit einer weichen Bürste zu bürsten oder auch nur mit der feuchten Hand zu streicheln reicht meistens schon aus, um lose Haare zu beseitigen.

Im Winter kann es aber bei der Kurzhaar durch ihr sehr dünnes Fellkleid zu empfindlichen Unterkühlungen kommen. Sie ist auch aus diesem Grund eher für die Wohnungshaltung geeignet. Soll die Katze trotzdem Freigang erhalten, sollte sie wenn möglich immer die Möglichkeit haben sich in warme Gefilde zurückziehen zu können. Ideal dafür ist also ein geeigneter und ebenso gesicherter Balkon oder Garten.

Die schlaue Kurzhaarmieze braucht oft gerade in einer Wohnung zahlreiche Beschäftigungsmöglichkeiten. Fühlt sie sich zu wenig gefordert, kann das zu Verhaltensstörungen führen. Entsprechendes Spielzeug, Klicker-Training und ein Kratzbaum lasten die aktive Mieze in der Regel aus. Ein Stubentigerpartner zum Spielen und herumtoben ist natürlich auch ein Vorteil.

Die hübsche Kurzhaar gilt als lang lebende und sehr robuste Katze. Eine Lebenserwartung von 13 bis 22 Jahren ist keine Seltenheit und von daher auch keine Überraschung. Einige Erbkrankheiten die wir bereits bei der Siam kennen, können aber leider auch bei dieser Rasse ausbrechen.

Ein professioneller Katzenzüchter verwendet im Normalfall keine Miezen zur Zucht, die von diesen Gebrechen betroffen sind. Hier sollten Sie vor der Übernahme der Katze immer Rücksprache halten und hartnäckig nachfragen.

Die Abessinier Katze.

Die Merkmale der Albessinier Katze.

Größe: Gehört zu den Mittelgroßen Katzen.

Fell: Sie hat kurzes Haar.

Farben: Graublau, Sorrel, Blau, Beige , Schwarzsilber, Blausilber.

Gewicht: 3,0 bis 4,5 Kilogramm (Katzendame) 4 bis 5,5 Kilogramm (Kater)

Die Abessinier sollte wenn möglich mit anderen Miezen oder auch mit Hunden gehalten werden. Sehr gut passt die aktive Rasse in turbulente Familien, wo ständig etwas im Tun ist.

Im Weiteren benötigt die Abessiniermieze sehr viel Platz zum umherrennen, sich auszutoben und irgendwo hochsteigen. Aus diesem Grund sind auch gut gesicherte Freilaufmöglichkeiten oder zumindest ein Balkon sehr gut.

Obwohl ihr Name etwas anderes vermuten lässt, stammt die Abessinier ursprünglich nicht etwa aus Äthiopien. Jedoch sollen ihre Vorfahren in südostasiatischen Dschungeln gelebt haben. Begründet wird diese Annahme damit, dass die Abessinier ein ganz spezielles Gen besitzt.

Dieses benannte Gen lässt sich auch bei Stubentigerrassen an der Küste des Indischen Ozeans nachweisen. Auch lässt ein britisches Katzenjournal aus dem neunzehnten Jahrhundert auf die südostasiatische Herkunft schließen. Es zeigt Illustrationen von asiatischen Miezen, die den heutigen Abessinier sehr ähnlich sind.

1876 fällt der Name Abessinier das erste Mal in einem englischen Buch über Stubentiger auf. Dort heißt es: Zula, die Mieze von Frau Barret-Lennard. Die Mieze kommt aus Abessinien, in Folge des Krieges. Vermutet wird deswegen, dass die erste Abessinier mit der britischen Kolonialarmee nach Grossbritanien gelangte, als die Truppen das damalige Äthiopien im Mai 1870 verließen.

Wie die Mieze genau nach Äthiopien gekommen ist oder ob es dort weitere Abessinier gab, ist bis und mit heute nicht geklärt.

Sehr beliebt ist die Abessinier bis heute wegen ihres schönen Fells. Das Ticking bezeichnet ein doppeltes oder dreifaches Streifenmuster der Haarpracht, was dem Fellkleid ein ähnliches Aussehen wie dem des wilden Kaninchens gibt. Der Effekt, der durch diese Färbung entsteht, wird Agouti genannt.

Abessinier sind keine typischen Schoßmiezen und deswegen sehr lebhaft. Sie mögen es, die Gegend zu erkunden und herumzualbern. Weiter sind sie sehr schlau, neugierig aber auch ab und zu verschmust. Sie folgen gerne ihren Lieblingsmenschen oder beobachten sie oft.

Deswegen wird oft gesagt, dass Abessinier sehr menschenbezogene Tiere seien, ihre Unabhängigkeit aber trotzdem nicht verlieren möchten.

Am besten fühlen sich im kleinen Verbund. Andere lebhafte Gesellen wie etwa Hunde sind deswegen sehr willkommen, sofern beide Seiten aneinander gewöhnt werden. Mit Kindern versteht sich die Abessinier auch sehr gut.

Im Allgemeinen gelten die Abessinier als sehr unkompliziert und auch wenig stressanfällig. Auch ihre angenehme Stimme und ein eher geringes akustisches Mitteilungsbedürfnis zeichnen die Rasse aus.

Da die Abessinier ein sehr erfrischendes Gemüt hat, ist sie als einzelnes Tier insbesondere bei der Wohnungshaltung für Berufstätige oder Senioren eher nicht geeignet. Sie freut sich eben sehr über Gesellschaft. Deswegen wird oft die Anschaffung eines zweiten Tieres empfohlen.

Ebenso sollte sich die Abessinier aber auch mit Hunden verstehen, obschon die recht unterschiedlichen Wesen aber zuerst aneinander gewöhnt werden sollten. Im Zusammenleben mit weiteren anderen Katzen nimmt die Abessinier gerne eine dominante Stellung ein, was vorgängig zu Problemen führen kann. Haben sich die Tiere aneinander gewöhnt, sollte einem harmonischen Zusammenleben aber nichts mehr im Wege stehen.

Im Weiteren benötigt die aktive Mieze viel Platz zum herumrennen, Klettern und herumtoben. Ein schöner Garten mit gesicherter Freilaufmöglichkeit oder einem geräumigen Balkon wären deshalb ideal für den Stubentiger.

Das Fell der Abessinier ist sehr kurz und leicht zu pflegen. Abgestorbene Haare sollten dennoch mit einer Bürste entfernt werden.

Die Perserkatze.

Die Merkmale der Perserkatze.

Größe: Mittelgroße Katze.

Fell: Ist eine Langhaarkatze

Farben: In sehr vielen Farben möglich.

Gewicht: 4,0 bis 6,0 Kilogramm (Katzendame), bis zu 7,5 Kilogramm (Kater)

Vor der Entscheidung für die Perser sollte man den Pflegeaufwand dieser Mieze bedenken. Das sehr dichte Fell muss jeden Tag gebürstet werden. Vielleicht kommt noch die Reinigung der Augen hinzu. Ist das Fell so stark verschmutzt, dass die Mieze es nicht mehr selber reinigen kann, muss sie ordentlich gebadet werden.

Nicht jeder Stubentiger lässt das mit Freude erfüllt über sich ergehen. Wird das regelmäßige kämmen versäumt, muss das Fell geschoren werden. Bei besonders empfindlichen Tieren ist das sogar nur unter Narkose beim Tierarzt machbar. Um der Katze eine solche Tortur zu ersparen, sollte im Vorfeld genau abgeklärt werden, welches Familienmitglied die Pflege des Fells übernimmt.

Katzenhalter mögen ihr ruhiges Gemüt und schätzen sie für ihre geschmeidige Art. Auch anderen Katzenarten gegenüber gibt sie sich sehr gelassen, mit einer Bengalischen könnte es aber zu Problemen kommen.

Wie die meisten anderen Katzenrassen Stört sich auch die Perser nicht an lebhaften Kindern, sofern sie ihre Regeln respektieren und sich ihr nicht aufdrängen. Im Normalfall sind die Perser mit einer reinen Wohnungshaltung zufrieden.

Mitte des siebzehnten Jahrhundert wurden erstmals Langhaarmiezen nach Europa gebracht. Diese kamen aus dem damaligen Persien dem heutigen Iran und der Türkei. Es wird davon ausgegangen, dass die Persermieze entweder von den türkischen, den persischen oder von einer Mischung beider Tiere abstammt. Die ursprünglichen Persermiezen haben oft mit den heutigen Rassemiezen jedoch nicht mehr viel Gemeinsames.

Vor allem dann Mitte des zwanzigsten Jahrhundert machte die Perser zuchtbedingt dann entscheidende Veränderungen durch. Der Rumpf wurde gedrungener, etwas kleiner und der Kopf etwas runder und auch flacher. Die Nase wurde ein wenig kürzer.

Auch das Fell änderte sich und wurde etwas länger und auch etwas dichter. In den neunzehnsiebziger Jahren brachten die unerwünschten Änderungen, aber dann erhebliche und markante gesundheitliche Probleme mit sich. Durch abnormale Massenzuchten in den Vereinigten Staaten von Amerika und dann schlussendlich auch in Europa.

In den vergangenen Jahren versuchen aber wieder viele seriöse Katzenzüchter gesunde Perser heranzuzüchten. Insbesondere wegen den stumpfen Nasen haben viele Stubentiger sehr viel Mühe bekundet, da sie das Atmen erheblich erschweren.

In einigen Gemeinschaften ist die Colourpoint als eigene Rasse anerkannt, es handelt sich bei ihr aber eigentlich um eine Variante der Perser, die durch die Kreuzung mit Siam entstand. Die Exoticshorthair gilt als Kurzhaarversion der Perser. Sie wurde ca. Mitte des zurückliegenden Jahrhunderts gezüchtet und anerkannt. Beide Arten haben denselben Standard.

Persermiezen gelten als sehr gemütlich, ruhig und liebevolle Miezen. Meist liegen sie gerne in der Sonne, schmusen viel und haben einen eher geringen Freiheitsdrang. In jungen Jahren lassen sie sich aber zum Spielen begeistern. Erfahrungsgemäß werden sie im Alter oft etwas träge und sogar etwas faul.

Die Perser ist auch als Katzendiva bekannt, die genau weiß was sie will, aber die Aufmerksamkeit ihrer Lieblingsmenschen auch gerne zurückgibt. In der Regel bestimmt sie selbst, wann und wo und von wem sie liebkost wird. Etliche sagen ihr sogar einen Dickkopf nach. Die Perser ist eine ausgeglichene Zeitgenossin, die es warm und kuschelig mag. Ein Kissen ist sie deswegen aber noch lange nicht.

Die Perser Gilt als sehr pflegeintensives Tier. Sie muss jeden Tag gebürstet werden, damit das schöne Fell und die Unterhaare nicht verfilzen.

Das braucht Zeit und erfordert Geduld, denn nicht jede Perser genießt die Fellpflege durch den Halter. Ist sie von klein auf daran gewöhnt, erleichtert das die tägliche Pflege sehr. Da die Perser nur in raren Fällen Freigang fordert, gilt sie als perfekte Wohnungsmieze. Ein Artgenosse von ihr wäre dann der perfekte Kuschel- und Spielpartner, wenn der Lieblingsmensch etwa gerade seinem Beruf nachgeht.

Bei der Haltung von mehreren Miezen sollten Sie darauf achten, dass der Artgenosse oder Genossin nicht zu impulsiv ist. Die Perser und die Bengal wären zum Beispiel keine besonders gute Mischung. Darf die Mieze in den Garten, muss sie vielleicht ab und zu gebadet werden. Durch das sehr dichte Fell neigen Perser, im Gegensatz zu anderen Arten, vermehrt zu Haarausfall. Das Haar wird dann beim Reinigen aufgenommen und danach aber wieder hervorgewürgt.

In einigen Fällen benötigt die Perser auch zusätzlich Unterstützung bei der Säuberung ihrer Augen. Durch die sehr kurze Nase neigen die Tränenkanäle der Katze zu Verstopfungen. Ein feuchtes Tuch genügt meistens zur Reinigung.

Einige Perser haben zudem auch Mühe beim Fressen von Nahrung mit großen Fleischstücken. Verantwortlich dafür ist ihr Gesicht. Persermiezen nehmen die Nahrung häufig dann mit der Zunge auf.

Hat eine Mieze Probleme mit der Nahrungsaufnahme, sollte auf eine Nahrung mit breiiger Konsistenz umgestellt werden.

Die Perser hat eine durchschnittliche Lebenserwartung von ca. 10 bis 16 Jahren. Die Erfahrung zeigt, dass Stubentiger in reiner Wohnungshaltung oft älter werden als Tiere mit Freigang.

Erblich bedingt kann bei Persermiezen die unangenehme Nierenkrankheit auftreten. Besteht die genetische Veranlagung für diese Erkrankung, tritt sie sogar fast immer auf.

Bei der Anschaffung der Perser ist deswegen darauf zu achten, dass die Elterntiere nicht etwa schon Inhaber des verantwortlichen Gens sind. Andere Erberkrankungen etwa bei Persermiezen sind Netzhautschwund, was auch zu vollständiger Erblindung führen kann. Taubheit, Herzerkrankung oder auch Hodenhochstand bei Katern.

Die exotische Kurzhaar Katze.

Die Merkmale der Kurzhaar.

Größe: Sie wird Groß.

Fell: Ist eine Kurzhaarmieze.

Farben: Viele Farben möglich.

Gewicht: 3,0 bis 4 Kilogramm (Katze) 4,0 bis 5,0 Kilogramm (Kater)

Die Kurzhaar eignet sich für die Haltung in der Wohnung, möchte dort aber die Zweisamkeit mit einem Artgenossen teilen. Alleine bleibt die Mieze nur sehr ungern. Ihr Fellkleid ist nicht so pflegebedürftig wie das der Persermieze und muss nicht so oft gekämmt werden.

Trotzdem braucht sie mehrmals in der Woche Hilfe bei der Fellpflege. Für Liebhaber der Langhaarmiezen die nur beschränkt Zeit haben, ist sie deswegen nur bedingt zu empfehlen. Pflegeleichter ist die Englische Kurzhaar, die optisch den beiden Rassen Exoticshorthair und der Perserkatze ähnelt.

Die Kurzhaar wird häufig als Kurzhaarvariante der Persermieze dargestellt, mit der sie auch verwandt ist und deren Rassenmerkmale sie größtenteils entspricht. Entstanden ist die Kurzhaar, durch die Vereinigung von Kurzhaar- und Perser. In Europa erkannte man die Art 1984 an.

Seit ca.1989 sind nur noch Durchmischungen mit Persermiezen erlaubt, zuvor war auch die Verschmelzung von Russischen Blau oder Burma gestattet. Auch heute können etwa bei einer Kreuzung von Exoticshorthairs noch langhaarige Kätzchen zur Welt kommen.

Das Aussehen der Exotisch Kurzhaar erinnert sehr stark an das der Perser. Deswegen ist es nicht überraschend, dass sie in Amerika noch immer von vielen Vereinen als Persermieze angesehen wird. Die Kurzhaar hat einen eher gedrungenen Rumpf, einen schönen runden Kopf, etwas kleine Ohren und ein vielfach recht platt wirkendes Gesicht.

Auch in ihrem angenehmen Wesen gleicht die Kurzhaar ihren langhaarigen Vorfahren. Sie hat einen eher ruhigen Charakter. Trotz ihrer Gelassenheit gilt sie aber als aktiver und verspielter als die Perser. Erfahrungen zu folge ist sie eine genügsame, einfache Rassemieze und stellt keine hohen Ansprüche an ihren Besitzer. Wie ja etwa alle Stubentiger freut sich auch die Kurzhaar über ausgedehnte Streicheleinheiten, sofern sie sich zurückziehen kann, wenn sie es will.

Das zarte Fellkleid von der Kurzhaar ist nicht so anspruchsvoll in der Pflege wie etwa das der Perser. Trotz der kurzen Haare ist das Fellkleid aber schön dicht, manche beschreiben es sogar als wuschelig. Deswegen sollte die Mieze mehrmals in der Woche gebürstet werden. Das hilft dabei verwahrloste Haare zu beseitigen und verhindert so die unnötigen Verfilzungen.

Jedoch hat auch die Kurzhaar meistens ein eher flach abfallendes Gesicht, entstanden durch häufige Paarung. Die Perser zum Beispiel hatte in der Vergangenheit sehr unter den Züchtungen aus Amerika zu leiden. Die sehr kurzen Nasen bereiten beiden Rassekatzen gesundheitliche Beschwerden.

Wie die Perser neigt deswegen oft auch die Exotische Kurzhaar zu häufig tränenden Augen. Deshalb braucht sie zum Teil Hilfe bei der Säuberung des Augenbereiches. Dazu genügt dann oft schon ein etwas feuchtes Tuch. Es ist empfehlenswert den Stubentiger schon im jungen Alter an diese Behandlung zu gewöhnen, dasselbe gilt für das regelmäßige kämmen.

Alleine ist die Kurzhaar wie schon erwähnt sehr ungern. Meistens ist sie, in der Wohnungshaltung, in guter Gesellschaft einer zweiten Mieze glücklicher.
Da sie auch sehr verspielt sein kann, sollte genügend Katzenspielzeug, wie etwa auch eine Angel verfügbar sein. Die Exotische Kurzhaar ist eher keine Kletterbegeisterte, einen kleinen Kratzbaum kann auf jeden Fall trotzdem nicht schaden.

Sie kann leider auch an erblich bedingten Erkrankungen leiden wie die Perser. Zu diesen gehören Nierenerkrankung, Taubheit häufig bei einfarbigen Tieren oder auch die HCM Erkrankung.

Ob ein Tier zur Nierenerkrankung neigt kann durch einen Gentest festgestellt werden. Deswegen sollte man bei der Anschaffung der Exotischen Kurzhaar sehr darauf achten, dass die Eltern der Mieze nicht von der Erkrankung betroffen sind. Die Mieze sollte auch kein allzu flaches Gesicht haben, um Beschwerden beim Atmen oder durch zu kurze Tränenkanäle zu vermeiden.

Die Ragdoll Katze.

Die Merkmale der Ragdollkatze.

Größe: Sie ist eine Mittelgroß bis Große Katze.

Fell: Beide Varianten sind möglich. Kurzhaarkatze und Halblanghaarkatze

Farben: Sehr viele Farben möglich bis auf Cinnamon und Fawn

Gewicht: 4,0 bis 6,0 Kilogramm (Weibchen), 6,0 bis 9,5 Kilogramm (Herrchen)

Die Ragdollkatze gehört zu den Halblanghaarmiezen, dennoch ist ihr Fellkleid nicht besonders pflegeintensiv. Während des Fellwechsels sollte sie jedoch täglich gekämmt werden.

Der Freigang der Ragdollmieze muss gesichert sein, da sie durch ihr sehr angenehmes Wesen schnell von Unbekannten entführt werden kann.

In der Wohnung braucht die große Mieze sehr viel Platz und einen robusten Baum. Für Berufstätige wird die Anschaffung einer zweiten Mieze empfohlen. Mit Kindern ist die Ragdollmieze guter Dinge und sie genießt ausgedehnte Spiel- und Kuschelstunden. Für Erstkatzenbesitzer gilt die Ragdollmieze mit ihrem einfachen Wesen als gut geeignet.

Die Ragdollmieze ist eine Halblanghaarmieze mit spezieller Einfärbung, die für ihr oft angenehmes Wesen bekannt ist. Wie die aus Norwegen stammende Waldmieze gehört sie zu den größten Stubentigerrassen.

Die in den USA lebende Anne Baker, eine frühere Persermiezen-Züchterin, baute mit jungen Tieren aus einem Wurf eine neue Zucht auf. Sie gab der Rasse den Namen Ragdoll. Sie leitete die Bezeichnung von einer Meinung ab, die sie selbst in die Welt gesetzt hatte. Demzufolge würde die Ragdollmieze keine Schmerzen empfinden.

Die wenig glaubhafte Geschichte basierte auf der Behauptung, die Mutter der Jungtiere hätte diese Eigenschaften, kein Schmerzempfinden, nach einem Autounfall aufgewiesen und sie an ihre Nachkommen vererbt.

Genetechnisch ist das aber nicht möglich. Die Ragdollmieze ist genauso gegen Schmerzen empfindlich wie andere Arten auch.
Das oft entspannte Verhalten im Arm ihres Besitzers ist kein vererbter Charakterzug, sondern zeugt viel mehr von entsprechender Vertrautheit mit ihrem Halter beziehungsweise dem Vertrauen zu den Menschen.

Viele Besitzer bezeichnen die Art und das Wesen der Ragdollmieze als liebevoll und warmherzig. Die große Mieze soll oft das ganze Leben lang verspielt bleiben und sehr dazu neigen ihrem Halter auch überall hin zu folgen.

Im Gegensatz zu anderen Arten gilt die Ragdollmieze als leise und nicht besonders gesprächig. Ihr wird auch noch nachgesagt, dass sie geduldig ist und beim herumtoben selten die Krallen zeigt. Mit Kindern kann sie es deswegen sehr gut.

Die Ragdollmieze wird trotz ihrer Großen Statur oft für die Wohnungshaltung empfohlen, da sie kaum Angst vor ihr unbekannten Menschen zeigt. So könnte es leicht geschehen, dass Ihre Mieze etwa von unbekannten mitgenommen werden könnte. Über einen gut gesicherten Balkon oder auch Garten freut sich das Tier aber sehr.

Eine Halblanghaarmieze sollte vor allem während des Fellwechsels jeden Tag durchgekämmt werden, jedoch genügt auch eine wöchentliche Unterstützung bei der Fellpflege.

Bei der Ragdollmieze sind keine nennenswerten Erberkrankungen bekannt. Durch ihr ruhiges Wesen kann sie jedoch, vor allem im fortgeschrittenen Alter und in der Wohnungshaltung, zu etwas Übergewicht neigen. Wenn Ihre Mieze bereits Anzeichen von Übergewicht zeigt, sollten Sie die Größe der Portion der Nahrung mit Ihrem Tierarzt besprechen oder das Tier mit diversem Spielzeug zu mehr Bewegung anstacheln.

In der Wohnung bietet sich neben einem sehr robusten Kratzbaum, die Beschaffung etwa einer zweiten Mieze an, damit Ihr Stubentiger in Ihrer Abwesenheit nicht einsam und alleine ist.

Die Nebelung Katze. Was für eine Schönheit!

Die Merkmale der Nebelung.

Größe: Es ist eine Mittelgroßes Tier.

Fell: Sie ist eine Halblanghaarmieze.

Farben: Fantastisches Blau.

Gewicht: 3,5 bis 4,5 Kilogramm (Dame), 4,0 bis 5,5 Kilogramm (Herr)

Die wunderschöne Nebelung ist eine auf den Mensch bezogene Mieze, die sich in der Regel in einem eher ruhigen Haushalt, Umgebung am besten ohne Kinder am wohlsten fühlt. Häufig reicht ihr dann die Wohnungshaltung, die gefährlichen Situationen im Freilauf verunsichern sie sehr oft. Gegen einen abgesicherten Freigang im Garten sollte jedoch auf keinen Fall verzichtet werden. Hektik und Stress sind wenn möglich vermeiden, sonst kann die Mieze mit Magenbeschwerden reagieren.

Die Nebelungmieze ist eine effektiv noch junge Katzenart. Sie entstand in den 1990er Jahren in Amerika. Die Katzenzüchterin Cora Cobbi kreuzte eine kurzhaarige schwarze Mieze mit einem langhaarigen schwarzen Kater.

Beide Stubentiger hatten die gleichen Eltern und sind somit als Gschwister zu bezeichnen. Sie gelten als Stammelter der Nebelungmieze, die 1991 als eigene Rasse anerkannt wurde.
Seit dem wurde ihr Standard an den der Russisch Blau angeglichen. Beide Rassekatzen unterscheiden sich nur noch durch die verschiedenen Haarlängen.

Der Name der Nebelung bezieht sich im Übrigen auf das Nibelungenlied, nach dessen Hauptdarstellern die Stammelter Brunhilde und Siegfried benannt wurden.

Die wunderschöne blaue Mieze gilt als sehr sensibel und eher etwas zurückhaltend. Ihren Lieblingsmenschen gegenüber zeigt sie sich jedoch oft anhänglich und neugierig. Sie ist aber nicht aufdringlich. Auf Hektik kann sie dann schon reagieren.

Im Normalfall reicht ihr die Wohnungshaltung, denn unbekannten Personen gegenüber kann die Nebelung unsicher wirken und auch schon Mal schüchtern sein. Gesicherter Freilauf, in dem sie nicht zu häufig mit Neuen Gegebenheiten konfrontiert wird, kommt ihr deswegen sehr recht. Bei der Nahrung kann sie auch ab und zu wählerisch sein. Die Rassekatze wird oft für ihr Gehorchen und ihre Bereitschaft zu lernen gelobt.

Die doch recht sensible Nebelung fühlt sich in einem ruhigen Haushalt wohler als etwa in einer Großfamilie. Zu aufdringliche Kinder könnten für die Mieze ein Stressgrund sein, muss nicht, aber es kann sein. Als Familienmieze ist sie deswegen nicht gut geeignet. Wer aber trotzdem den Wunsch nach einer blauen Mieze verspürt, für den ist die Kartäusermieze vielleicht eher die bessere Wahl.

Für sie sind dann eben auch Kinder sehr oft gar kein Problem. Die Nebelung mag es eben eher ruhig. Stress kann bei ihr zu schweren Magenproblemen führen. Jedoch gilt sie aber als wenig krankheitsanfällig. Nur eben zu viel Trubel mag sie nicht. Ihr Fellkleid ist in der Pflege unkompliziert. Häufiges kämmen fördert allerdings den Glanz der Haarpracht.

Die ebenso wunderschöne Russische Blau!

Die Merkmale der Russisch Blau.

Größe: Sie ist eine Mittelgroße Katze.

Fell: Sie gehört zu den Kurzhaarkatzen.

Farben: Blau, Blaugrau

Gewicht: 2,0 bis 4,0 Kilogramm (Frauchen), 4,0 bis 6,5 Kilogramm (Männlein)

Die Russisch Blau ist eine sensible, anhängliche Katzenrasse, die vor allem für ihr menschenbezogenes Verhalten geschätzt wird. Sie ist in der Regel nicht aufdringlich, genießt aber die Nähe ihrer Bezugsperson. Mit anderen Tieren und Kindern kommt sie üblicherweise gut zurecht. In der Wohnung sollte die Russisch Blau die Gesellschaft eines Artgenossen genießen können, andernfalls kann die Mieze, insbesondere bei Berufstätigen, unter Einsamkeit und Langweile leiden. Spiel- und Beschäftigungsmöglichkeiten sollten bei reiner Wohnungshaltung aber auch bei zwei Katzen ausreichend vorhanden sein.

Liebe Leserinnen und Leser. Nachdem Sie nun einige Katzenrassen näher kennengelernt haben – und ja vielleicht haben Sie Ihre Rasse bereits gefunden! Viel Spass beim Weiterlesen.

Abschnitt 2

Bevor Sie nun Ihre Katze Artgerecht halten können, sollten Sie zuerst die Katzensprache verstehen!

Wissen Sie eigentlich immer, was Ihre Mieze Ihnen sagen will? Oder gibt es da manchmal auch Missverständnisse in der Kommunikation? Kein Problem, wir sind Ihr Übersetzer.

Ja genau, Stubentiger machen miau, miau, aber das wissen doch alle Halter. Sicher? Die Sprache der Stubentiger ist nur auf den ersten Blick so einfach, denn sie benutzen nicht nur Laute zur Kommunikation. Ihr ganzer Körper kann reden. Von der Nase bis zum Schwanzende kann ein Stubentiger stumme, aber genaue Signale senden.

Hinzu kommt das beeindruckende Spektrum an verschiedenen Lauten. Und zu guter Letzt können die Stubentiger auch mit Düften reden – zumindest untereinander. Das klingt kompliziert oder? Das ist es aber überhaupt nicht. Sie müssen nur genau hinschauen und gut lauschen, dann verstehen Sie sehr schnell, was Ihre Liebste Ihnen sagen möchte.

Miau, miau ist ein genereller Ruf, der überall in der Miezenwelt gesprochen und verstanden wird. Er kann so vieles bedeuten. Zum Beispiel: Mach die Tür auf, ich möchte rein. Gib mir bitte Futter, ich habe Hunger. Es ist langweilig, mach etwas. Miauen ist ein Laut, auch wenn sich das bei den Kleinen auch eher anhört wie ein Piepsen.

Jedoch immer ist es ein Ton, der ein Bedürfnis manifestiert, auch bei den erwachsenen Stubentigern. Im Übrigen miauen Stubentiger sich kaum gegenseitig an – dieser Laut ist eigentlich gedacht für uns zweibeinige Wesen. Und nicht immer ist dieser Laut Miau auch als ganz eindeutiges Signal zu erkennen. Es gibt große Katzenherren, die eher piep machen und kleine Katzendamen die furchtbar laut schreien können.

Nun auf der Welt wird gemiaut. In China heißt das Miao. In England Meow. In Frankreich Miaou. Und sehr viele Menschen reagieren oft bei dem Miau reflexartig mit Aufmerksamkeit. Eventuell weil der Au Laut etwas in uns hervorruft und uns an einen Hilferuf erinnert.

Miauen ist bei weitem nicht der einzige Laut der Miezen. Es gibt noch eine ganze Palette sogenannter stimmloser Laute.

Was bedeuten diese Laute:

- **Schnurren:** Die Mieze fühlt sich Wohl. Sie hat sich beruhigt.

- **Fauchen:** Sie geht in die Abwehrhaltung. Sie droht.

- **Knurren:** Sie warnt ganz eindeutig.

- **Grollen:** Achtung Gefahr. Es drohen Hiebe.

- **Spucken:** Ein effektives Abwehrmittel der Mieze.

- **Kreischen:** Sie schreit um Hilfe. Sie ist in Not.

Hauptsächlich beim sehr beeindruckenden Droh- und Abwehrverhalten gibt es viele Laute. Dem Kontrahenten wird mit Lauten und Körpersprache ohne Zweifel aufgezeigt, auf was er sich da einlässt, wenn er weiter nervt. Beim Fauchen mit weit offenem Maul zeigt die Mieze auch noch gleich die Zähne. Diesen Laut dazu versteht jeder Zweibeiner und auch Vierbeiner als klare Warnung. Es ist der erste Schritt der vom tiefen Knurren und dumpfen Grollen gefolgt werden kann, aber nicht muss.

Eher weniger zu sehen und zu hören, aber auch sehr zielführend, um den Feind in die Flucht zu treiben, ist das Spucken. Gut, Miezen sind ja keine Lamas und sie spucken auch nicht richtig. Jedoch sieht es halt sehr ähnlich aus und hört sich explosiv an, wenn die Mieze wie der Blitz vorprescht und spuckt. Ok, wer da nicht zurückweicht....

Sehr bekannt sind die nächtlichen Gesänge der oft potenten Katzenherren, wenn um Reviere und Katzendamen gekämpft und gestritten wird. Aus voller Kehle und oft mit breiter Brust singen sie ihre Kampfgesänge, um den Kontrahenten möglichst etwa stark zu beeindrucken. Oft kurz danach ist ein vogelähnliches Kreischen zu hören, das die Not und Abwehr des unterlegenen Kontrahenten signalisiert, bevor er die Flucht ergreift.

Zahlreiche der Stimmsignale haben also mit Drohung und Abwehr zu tun und sind für Zweibeiner sehr gut zu verstehen, weil sie sehr klar sind. Einfach zu verstehen ist auch das Schnurren, dieses spezielle Geräusch, das an eine arbeitende Nähmaschine erinnert, aber auch fast nicht zu hören ist und sehr leise sein kann. Es zeigt Wohlgefühl und Zufriedenheit der Katzenherren. Katzendamen schnurren oft nur, wenn sie gestreichelt werden, bei engem Körperkontakt, wenn sie sich sehr entspannt und wohl fühlen.

Schnurren gehört zu den sogenannten Niederfrequenzlauten und liegt im Bereich zwischen 25 und 45 Hertz. Das ist aber ganz genau die Frequenz, die sich bei Verletzungen heilend auswirkt, vor allem bei Knochenbrüchen. Ob die Miezen das Schnurren mit Absicht einsetzen, um die Selbstheilungskräfte zu aktivieren, konnte bis heute noch nicht eindeutig geklärt werden.

Manche Miezen beruhigen sich mit lautem Schnurren wahrscheinlich in aufregenden Situationen selber. Es erinnert ein wenig an das Pfeifen im Walde und bedeutet, ja nicht unbedingt, dass man Angst hat. Und so schnurren etliche Miezen auf dem Untersuchungstisch des Tierarztes so laut, dass er den Herzschlag des Tieres dann gar nicht mehr hören kann.

Wenn Sie sich ganz sicher sein wollen, ob Ihre Mieze schnurrt, dann legen Sie langsam einen Finger an den Kehlkopf. Wenn Sie dann Vibrationen spüren, dann schnurrt ihre Mieze tatsächlich gerade.

Ein typischer Stimmfühlungslaut ist ein ganz leises Gurren, das sich ähnlich anhört wie etwa mrrrhh. Stimmfühlungslaute dienen bei allen Tieren dazu, Kontakte mit ihren Artgenossen zu pflegen. Die Stubentigerkinder benutzen ihn bei ihren Brüdern und Schwestern und ihrer Mutter, aber auch erwachsene Miezen begrüßen sich damit.

Stubentiger sind ja wohl keine Vögel, und wieso können sie dann trotzdem das Vogelschnattern? Haben Sie auch schon einmal ihre Mieze dabei ertappt, wie sie am Fenster sitzt und komische Laute von sich gibt? Oft verrät die Körpersprache Anspannung und fast scheint die Mieze vor Erregung starr.

Der Mund wird geöffnet, die Mieze schnattert in schneller Abfolge, während sie konzentriert nach draußen schaut. Wenn da draußen unerreichbar Beute vorbeifliegt oder hüpft. Die Mieze möchte natürlich nichts lieber als zupacken, kann aber nicht. So ist das Rattern und Schnattern eigentlich Zubeißen im Leerlauf.

Weil wir Menschen viel verbal kommunizieren, ist es für uns einfacher und leichter, Laute zu verstehen. Jedoch ein großer Teil der Miezensprache besteht aus sogenannten Körpersignalen. Diese sind für uns nicht immer ganz so einfach zu deuten, denn sie sind nicht immer sehr eindeutig und wechseln oft sehr schnell. Das gilt vor allem, wenn eine Mieze zwischen Angst und Aggressivität hin und her schwankt.

Der Schwanz einer Mieze wird ebenfalls sehr häufig als Stimmungsbarometer wahrgenommen. In der Tat scheint er manchmal ein Eigenleben zu führen und pendelt hin und her, auch wenn die Mieze scheinbar ganz entspannt liegt. Der Schwanz ist das, was uns bei einer Mieze als erstes auffällt.

Wenn er andauernd in Bewegung ist. Vielleicht kennen wir das auch von der bellenden Konkurrenz. Aber Wedeln steht bei den Miezen nicht unbedingt immer für Eitel Sonnenschein und Freude.

Am einfachsten für uns zu erkennen ist das Breitseitendrohen, wenn sich die ganze Mieze aufstellt, den Rumpf quer zum Herausforderer stellt und oft etwa der Schwanz ähnlich wie eine Flaschenbürste aussieht. Das alles dient nur dem Zweck, größer und auch mächtiger auszusehen – schon die kleinen Miezen beherrschen das perfekt.

Was hat es genau zu bedeuten, wenn:

Der Schwanz der Mieze gelegentlich etwas zuckt?
Dann ist die Mieze leicht angespannt!

Der Schwanz plötzlich wie eine Flaschenbürste aussieht?
Das bedeutet dass die Mieze Aggressiv gestimmt ist. Sie droht mit Angriff!

Die Schwanzspitze sehr schnell zuckt und oder zappelt?
Dann ist die Mieze Aufregt vor Ungeduld und Freude!

Der ganze Schwanz schnell von einer auf die andere Seite schlägt?
Sie ist sehr Anspannt und noch mehr Aufgeregt!

Der Schwanz hoch erhoben ist und die Spitze gekrümmt wird, wie eine Fahne?
Sie hat pure Freude und Begrüßt jemand!

Sehr viel über den Gemütszustand einer Mieze sagen uns auch die Ohren aus. In Sekundenschnelle – meistens viel zu schnell für uns, ändern sie ihre Haltung. Gerade aufgerichtet, also sehr neugierig, und nach hinten gerichtet, eindeutige Zeichen von Aggression, oder sehr eng an den Kopf angelegt, ja fast unsichtbar – das steht für höchste Angst.

Wenn die Mieze sich im Abwägen zwischen Angriff oder Flucht befindet, wechseln auch die Ohrenstellungen immer wieder und verraten uns die aktuelle Stimmung der Mieze ganz eindeutig.

Die Augen der Miezen sind extrem schön – nicht nur wegen ihrer tollen Farben. Sie sagen uns auch sehr oft viel über den Gemütszustand des Tieres. Wenn die Pupillen groß, schwarz und rund sind, dann bedeutet das Erregung und Anspannung. Aber Vorsicht, es kann auch sein, dass die Pupillen nur deswegen so gestellt sind, weil es etwas dunkel ist. Geschlitzte Pupillen bedeuten oft Helligkeit.

Deswegen ist es so wichtig, dass Sie als Halter alle Körpersignale sehr ernst nehmen. Meistens spricht die ganze Mieze. Dann drehen nicht nur die Ohren, auch der Schwanz ist aktiv und die Pupillen sind erweitert — nur das alles zusammen ergibt ein sehr klares Bild. Einzelne Signale jedoch können leicht täuschen. Denn Aufregung muss zum Beispiel nicht immer nur negativ sein. Es ist auch absolut möglich, dass die Mieze in freudvoller Erwartung aufgeregte Signale sendet.

Die intelligenten Stubentiger haben aber noch eine dritte Möglichkeit der Verständigung. Der Geruch. Da wir olfaktorisch mit Hunden und Stubentigern nicht mithalten können, benutzen die Stubentiger das, um sich mit ihren Artgenossen zu unterhalten. Sie setzen sogenannte Duftmarken an – und zwar überall da, wo sie ihren Anspruch zeigen und behaupten wollen. Oder anders ausgedrückt: Sie markieren mit Harn, und reiben sich an Gegenständen. Das können zum Beispiel Türrahmen oder auch unsere Beine sein, an denen die Stubentiger ihren Geruch hinterlassen.

Beim Markieren ihres Revieres draußen wird in hohem Bogen in die Büsche gemacht. Wenn Sie einen Garten haben, ist Ihnen dieses Verhalten ganz sicher schon einmal oder schon öfter aufgefallen. Auch wenn wir sie nicht sehen, mit Sicherheit streifen andere Miezen durch das Revier.

Ihnen teilen die Inhaber des Revieres per Duft-Post unmissverständlich mit, wer hier etwa der Boss ist. Markieren können, übrigens auch kastrierte Katzenherren ebenso wie potente Herren.

Was geht wohl im Kopf Ihres Stubentigers vor? Hört sie überhaupt zu und versteht sie auch jedes Wort, wo wir sagen? Hört sie einfach unserem Tonfall, weil sie es schon gelernt hat, was er aussagt? Wissenschaftler sind dieser Frage im Jahre 2018 nachgegangen und kamen zum Schluss, dass unsere Miezen sehr wohl auf das reagieren, was wir ihnen sagen und mitteilen.

Sie kennen Ihren Namen genau und verstehen auch, dass sie gerufen werden. Sogar wenn jemand wo sie nicht kennen nach ihnen ruft. Auch unsere Gesten, wie das oft zum Beispiel das Öffnen des Kühlschranks, können sie genau verstehen, wenn sie davor eine Verbindung zu dieser Handlung gelernt haben. Also wenn sie genau wissen, dass aus diesem Schrank eine Belohnung kommt.

Das haben Sie sicher auch festgestellt bei Ihrer Mieze. Sie hört auf ihren Namen, aber nur wenn sie es gerade auch möchte. Oder anders gesagt, sie weiß, dass sie damit gemeint ist. Vielfach wird ja dazu geraten, Namen mit i zu verwenden, wie etwa Miezi oder Minki. Das entspricht aber wohl unserem Wunsch zur Verniedlichung.

Ein Schriftsteller hat einmal über die drei Namen der Mieze folgendes geschrieben. Der erste ist ihr trivialer Rufname, den wir ihr geben. In der Realität hat sie einen besonders schönen und seltenen Namen. Der dritte ist ein sonderbarer Name, den nur sie selber kennt. Wenn Sie das auch glauben sollten, können Sie ruhig bei Mietzi bleiben, aber in der Realität heißt Ihre Mieze vermutlich Bella, Angelina, Hubertus oder Platon.

Abschnitt 3

Was ist denn eine Artgerechte Katzenhaltung?

Der Katzenhaushalt.

Zu genügend Futter benötigen Miezen weiteres Zubehör für ein glückliches und zufriedenes Leben.

Zur Grundausstattung gehören gemütliche Bettchen, kuschelige Decken, Höhlen zum gut Verstecken, Kratzmöglichkeiten, ausreichend Nahrung- und Wassernäpfe, mindestens immer Toiletten, eine Transportbox, verschiedene Pflegeprodukte, interessante Spielzeuge und noch einiges mehr. Lesen Sie mehr über eine Miezengerechte Wohnung.

10 Empfehlungen für eine Tiergerechte Wohnung.

Stubentiger sind am allerliebsten draussen, wo sie nach Lust und Laune durch die Gegend flanieren können und ihrer Leidenschaft nachgehen können. Dem Jagen! Jedoch ist der Freigang nicht immer möglich. Wohnungstiere werden oft faul und Aggressiv, sich kratzen und Unsauberkeit ist dann meistens die Folge davon.

Damit sich Ihr Stubentiger in der Wohnung wohlfühlt, sollten Sie ihren Lebensraum artgerecht und abwechslungsreich einrichten. Mit den folgenden Empfehlungen können Sie Ihre Wohnung oder Haus auch in ein schönes Zuhause für ihren Liebling Verwandeln:

1. Stabile Klettermöglichkeiten.

Stubentiger klettern sehr gerne, auch etwas höher gelegene Schlafplätze sind sehr willkommen.

In luftiger Höhe fühlen sich die Miezen sicher, sie sind vor möglichen Feinden geschützt und haben eine super Übersicht. Platzieren Sie also genug Klettervarianten in ihrer Wohnung oder Haus.

Vor allem beliebt bei Miezen sind deckenhohe Bäume und Modelle mit guten Schlafplätzen, Höhlen oder und auch Rollen. Mit simplen Regalbrettern kann man auch einen fordernden Kletterparcours für die Miezen bauen.

2. Wichtig sind auch Kratzmöglichkeiten für die Tiere.

Miezen wetzen ihre Krallen gerne an rauen Oberflächen, um damit auch ihr Revier zu markieren – über spezielle Drüsen die sich unter ihren Krallen befinden – und zum Schärfen und Kürzen der Krallen. Das ist eine ganz natürliche Tätigkeit der Miezen. Schaffen Sie in Ihrer Wohnung oder in Ihrem Haus genug Kratzgelegenheiten an. Kratzbäume sind da natürlich die ideale Lösung. Auch können Sie sogenannte Kratzbretter an den Wänden und am Boden platzieren, denn die Miezen kratzen auch gerne in unterschiedlichen Varianten also vertikal und horizontal. Unterschiedliches Material kommt auch sehr gut an, wie zum Beispiel Sisal oder Pappe oder auch einfach nur Kartons.

3. Miezen sollte man wenn möglich immer zu zweit halten.

Stubentiger sollten wenn immer möglich zu zweit in einen Haushalt sein, auch bei Freigängern gilt das. Wir als Menschen können oft keinen Artgenossen ersetzen. Spielen, Toben, auch gegenseitiges Putzen und andere Tätigkeiten machen das Leben der Miezen sehr viel abwechslungsreicher und schöner. Ob es zwei Katzenherren, zwei Katzendamen oder ein Katzenpaar ist spielt nur eine untergeordnete Rolle.

Miezen finden nach einer gewissen Eingewöhnungszeit fast immer zueinander und werden im Laufe der Zeit vielfach gute Freunde. Am idealsten passen aber gleichaltrige, gleichgeschlechtliche und ähnliche Charakter zusammen.

Jungtiere sollte man nicht alleine zu schon etwas älteren Miezen setzen, wenn schon dann zu zweit.

4. Ein breites Spielzeugsortiment für die Stubentiger ist unabdingbar.

Mit dem breiten Spielzeugsortiment können Miezen auch zuhause ihren Jagdtrieb und Bewegungsdrang oft sehr gut ausleben, was vor allem für Wohnungstiere sehr wichtig ist. Angeln, Bällchen oder auch Spielmäuse sind ideal für den Spieltrieb der Miezen. Auch Intelligenzspielzeuge fördern, auch das ist sehr wichtig für das Wohlbefinden. Vielfach suchen sich Wohnungstiere ihr Spielzeug gleich selber aus. Haargummis, Flaschenkorken und Kartons sind ebenso interessant wie gekauftes und nicht gerade billiges Spielzeug. Auf keinen Fall sollten Sie Ihren Miezen das Spielen mit solchen Gegenständen verbieten. Das zweisame Spiel fördert und festigt die Beziehung zwischen Ihnen und Ihren Lieben Miezen.

Beschäftigen Sie sich mehrmals am Tag mit jeweils ca. 15 bis 25 Minuten mit Ihren Miezen in dem Sie mit ihnen schmusen, kuscheln, sie bürsten, mit ihnen spielen, oder clickern, usw.

5. Auch das beliebte Katzengras darf nicht fehlen.

In der freien Wildbahn streifen Miezen lose Haarpartikel an Ästen, Gebüschen oder Steinen ab. Beim Putzen etwa werden dann somit oft weniger Haare versehentlich gefressen als etwa bei Wohnungstieren. Sind zu viele Haare im Magen der Mieze, kann das zu einem gefährlichen Magenverschluss kommen. Helfen Sie Ihrer Mieze, indem Sie sie ein paar Mal die Woche bürsten und auch das beliebte Katzengras bereitstellen. Bei Bedarf fressen die Miezen ein paar Stängel Gras, wodurch sie die verschluckten Haarballen erbrechen können. Ein Rasen auf dem Balkon kommt bei Miezen immer sehr gut an.

6. Dürfen Miezen Fernsehen?

Miezen beobachten ja sehr gerne wie wir Halter wissen, deshalb schauen sie ab und zu auch Fernsehen. Aber noch beliebter sind natürlich Liegeplätze am Fenster. Und ermöglichen Sie Ihren Miezen auch unbedingt den Zugang zu den Fensterbrettern, damit sie die Vorgänge draussen stets im Blick haben.

7. Vertraute Gerüche aus der Freiheit.

Wohnungstiere riechen sehr gerne an Dingen, die von draussen kommen. Verschönern Sie den Alltag Ihrer Stubentiger mit einem Mitbringsel aus der Natur. Vielleicht ein paar grosse Blätter, Tannenzapfen oder Äste, ein Behälter mit Erde oder Sand, Vogelfedern usw.

Wohnungsmiezen müssen natürlich auch geimpft und kastriert werden, für die Tatsache, dass Krankheitserreger oder Parasiten von draussen importiert werden. Muss man gegen alle Krankheiten impfen?

Durch eine Impfung ist es möglich, Ihre Mieze gegen viele, zum Teil sogar auch lebensbedrohliche Erkrankungen, schützen zu lassen. Auf der anderen Seite sollten Sie aber auch die dazugehörenden Risiken und Nebenwirkungen der Impfungen sehr gut kennen.

In häufigen Fällen wird Haltern jedoch empfohlen, die Mieze nur gegen einzelne Krankheiten impfen zu lassen, wonach der Impfschutz je nach Lebenssituation Ihrer Mieze unterschiedlich ausfallen kann. So sind einige Impfungen oft sinnvoll, während Sie auf andere durchaus verzichten können.

Ab welchem Alter sollte man die Mieze denn impfen lassen?

Impfempfehlungen für Miezen sehen oft eine Grundimmunisierung mit den bekanntesten Impfungen gegen Miezen-Seuche und Schnupfen ab der siebten Lebenswoche vor. Im Anschluss ist oft eine Auffrischung nach ca. fünf Wochen normal. Impfungen gegen andere Krankheiten folgen dann innert weniger Wochen. Wichtig ist auch noch, dass Sie sich mit einer Impfung Ihrer Mieze auseinandersetzen. Damit Sie bereit sind wenn das Tier geimpft werden muss.

Jungtiere erhalten etwa in den ersten Wochen noch Antikörper über die Muttermilch. Aus diesem Grund sind sie während dieser Zeit noch gut geschützt. Im Laufe der Zeit lässt die Anzahl der Antikörper in der Muttermilch aber stark nach, wodurch auch der Schutz natürlich rapide sinkt.

Deswegen wird eine zeitnahe Impfung ab der 7. Woche empfohlen. Eine erste Nachimpfung ist nach wenigen weiteren Wochen zu bewerkstelligen da die noch verbliebenen Antikörper aus der Muttermilch dann ganz weg sind.

Ist es sinnvoll Wohnungskatzen zu impfen?

Wohnungsmiezen haben im Normalfall keinen direkten Kontakt zu anderen Artgenossen, wodurch sie sich auch eher seltener mit typischen Miezen-Krankheiten infizieren. Jedoch gibt es auch Erkrankungen, bei denen für eine Infizierung kein unmittelbarer Kontakt mit Artgenossen bestehen muss. Das ist etwa bei der Miezen-Seuche und bei Miezen-Schnupfen gegeben.

Deswegen wird auch eine solche Impfung gegen diese beiden Erkrankungen für die Wohnungs-Miezen als auch für Freigänger-Miezen gleichermaßen als sinnvoll angesehen. Von anderen Krankheiten wie etwa der Tollwut oder der Miezen-Leukämie sind hingegen vermehrt Freigänger-Miezen betroffen. Denn diese Krankheiten werden auch durch den direkten Kontakt mit Artgenossen übertragen.

In diesen Fällen ist natürlich eine Impfung von Wohnungs-Miezen nur dann sinnvoll, wenn die Mieze auch Kontakt zu Freigängern hat. Gegen welche Erkrankungen gibt es hier Impfungen? Gegen etliche der gefährlichsten und ansteckendsten Miezen-Krankheiten wurden Impfstoffe entwickelt.

Einige der Impfstoffe wird von Tierärzten empfohlen, während wiederum andere nur in Ausnahmefällen genutzt werden.

Mit der folgender Aufstellung erhalten Sie einen kurzen Überblick, gegen welche Erkrankungen gehäuft Impfungen für Miezen angeboten werden, mit einem oft empfohlenen Impfschema:

Häufig empfohlene Katzenimpfungen.

Krankheit: Katzenseuche.
Gefahren der Krankheit: Ist eine lebensbedrohliche Erkrankung.
Ab wann impfen: Ab der 8. Lebenswoche.
Nachimpfen: Je nach Präparat jährlich oder alle drei Jahre.

Krankheit: Katzenschnupfen.
Gefahren der Krankheit: Diese Erkrankung kann Lungenentzündung auslösen.
Ab wann impfen lassen: Ab der 8. Lebenswoche.
Nachimpfen: Jährlich oder bei Wohnungskatzen alle zwei bis drei Jahre.

Krankheit: Tollwut.
Gefahren der Krankheit: Verläuft bei Infektion tödlich. Übertragung möglich.
Ab wann impfen lassen: Ab der 12. Lebenswoche.
Nachimpfen: Bei Freigängern Je nach Präparat alle zwei oder drei Jahre.

Individuell empfohlene Katzenimpfungen.

Krankheit: Katzenleukämie.
Gefahren der Krankheit: Leukämie ist eine derzeit nicht heilbare Erkrankung.
Ab wann impfen: Ab der 9. Lebenswoche.
Nachimpfen: Jährlich oder alle drei Jahre.

Krankheit: FIP Feline infektiöse Peritonitis.
Gefahren der Krankheit: Bei Bauchfellentzündung mit tödlichem Verlauf.
Ab wann impfen: Ab der 16. Lebenswoche.
Nachimpfen: Alle ein bis drei Jahre.

Dabei ist zu beachten, dass es sich hier nur um allgemeine Informationen handelt, die das Gespräch mit einem Tierarzt nicht ersetzen können.

Die Entscheidung, ob und wie häufig die Impfung erfolgen soll, sollten Sie folglich in Absprache mit Ihrem Tierarzt treffen.

Wie oft sollte man die Mieze impfen?

Bisher haben viele Miezen-Halter die Empfehlung erhalten, die Impfungen jährlich zu erneuern. Dies ist heutzutage nach Meinung vieler Spezialisten jedoch nicht mehr nötig. Also je nach der Art und Weise der Impfung und verwendetem Impfstoff soll es somit ausreichen, die Impfung nur alle zwei oder drei Jahre zu erneuern.

Die dafür nötigen Impfstoffe werden mittlerweile von einigen Herstellern angeboten. Wie häufig geimpft wird, hängt zudem auch davon ab, ob Sie mit Ihrer Mieze verreisen möchten oder nicht.

Weil sobald Sie mit Ihrer Mieze ins Ausland reisen, gilt es vorgeschriebene Impfungen etwa gegen Tollwut sehr zu beachten, welche in den EU-Heimtierausweis einzutragen sind. Dabei sind die Angaben des Herstellers bezüglich der Gültigkeit des Impfstoffes sehr relevant. Die Risiken und Nebenwirkungen des Impfens von Miezen müssen zudem klar deklariert werden.

Dass etliche Experten kurze Impfintervalle von einem Jahr als sehr kritisch ansehen, hängt auch mit den heute bekannten Risiken einer Impfung bei Miezen zusammen. Weil neben dem Nutzen können leider durch eine Impfung auch schwere Nebenwirkungen auftreten.

Das können zum Beispiel die folgenden sein:

Leichte Nebenwirkungen: Häufige Müdigkeit, Appetitlosigkeit und erhöhte Temperatur sowie Hautreizungen und Schwellungen.

Allergische Reaktionen: Etwa die Symptome wie Durchfall, Atemprobleme, Nesselfieber oder Erbrechen können wenige Sekunden oder Minuten nach der Impfung auftreten. Dann Bedarf es einer ständigen Beobachtung durch einen Tierarzt. Eine Allergie gegen den Impfstoff kann in seltenen Fällen tödlich verlaufen.

Fibrosarkom: Hierbei handelt es sich um eine Krebsart bei Miezen. Diese Krebsart soll nach gängiger Meinung einiger Experten in seltenen Fällen durch einen Zusatzstoff beim Impfen direkt an der Impfstelle ausgelöst werden können.

Impfdurchbruch: Eine Impfung kann das Risiko einer Erkrankung stark mildern. Jedoch ist eine hundertprozentige Sicherheit auch mit Impfschutz im Normalfall nicht möglich. Besonders bei immungeschwächten Miezen oder bei Jung-Mietzen kann es in sehr seltenen Fällen zu einem Impfdurchbruch kommen, wobei die Erkrankung trotz aktuellem Impfschutz ausbricht.

Geht es denn auch ohne Impfung?

In Deutschland zum Beispiel besteht für Stubentiger keine Impfpflicht. Deshalb können Sie als Halter selber die Entscheidung treffen ob Sie Ihre Mieze impfen wollen oder nicht. Lediglich bei Reisen ins Ausland und auch bei einer Unterbringung in einem Tierheim ist ein Impfschutz sehr wichtig. Eine Ausreise oder eine Unterbringung in einem Tierheim ist ohne gültigen Impfschutz nicht mehr erlaubt.

Wenn all diese Faktoren keine Rolle spielen, kann sich der Halter völlig frei entscheiden. Dabei ist aber zu beachten, dass besonders Freigänger einem hohen Risiko einer Infektion ausgesetzt sind. Bei Wohnungs-Miezen ist das Risiko sehr viel kleiner. Deswegen gibt es auch Meinungen, dass für diese Miezen eine Grundimmunisierung im jungen Alter ausreichen sollte.

Eine klare Antwort auf die Frage, die sich mit einem klaren ja oder nein beschreiben lässt, gibt es leider an dieser Stelle auch nicht. Im Umkehrschluss müssen Miezen-Halter selber Nutzen und Risiko abwägen und sich dann entscheiden. Jedoch ist zu berücksichtigen, dass seit der üblichen Impfpraxis hierzulande extrem viele tödliche Krankheiten bei Miezen minimiert werden konnten.

Deswegen wird davon ausgegangen, dass viel mehr Stubentiger vor diesen Krankheiten, wie zum Beispiel Tollwut oder Miezen-Seuche, geschützt werden können, als die die durch die Impfung einen Schaden erleiden.

Was sind die Kosten der Impfungen bei den Miezen?

Für jede Miezen-Impfung fallen natürlich auch diverse Kosten an. Diese setzen sich aus den Kosten für den Impfstoff, eine Untersuchung, der Injektion der Impfung und auch der Impfbescheinigung zusammen. Diese Kosten können Tierärzte dabei nicht einfach nach ihrem Gusto festlegen, sondern sie müssen sich strikt an die Gebührenordnung für Tierärzte halten.

Kosten für Impfungen können dabei durch die Wahl des Impfstoffes wie auch durch den veranschlagten Satz sehr verschieden sein, denn Tierärzte können den ein- bis dreifachen Satz berechnen.

Bei einer 3 Fach Impfung gegen Miezen-Seuche, Miezen-Schnupfen und die Tollwut fallen im Normalfall Kosten ab etwa 20 Euro an. Impfungen gegen Leukämie und FIP sind mit Kosten ab etwa 30 Euro beziehungsweise ab rund 40 Euro ein wenig teurer. Durch die Abrechnung des zwei- bis dreifachen Satzes können im Weiteren auch noch bedeutend höhere Kosten entstehen.

Miezen-Impfungen Ja oder nein?

Fazit:

Einige der bekannten Miezen-Impfungen können Ihren Stubentiger klar vor hochansteckenden sowie tödlich verlaufenden Erkrankungen gut schützen und sind sicher für die Gesundheit von Miezen sehr sinnvoll. Jedoch andere Impfungen sind bei einigen Miezen wegen der besonderen Lebensumstände oft auch überflüssig.

Trotz des hohen Nutzens für Miezen kann es sinnvoll sein, auch die Risiken zu berücksichtigen und Impfungen nicht zu einfach so zu durchzuführen. Denn in gewissen Fällen lassen sich durch einen vorsichtigen Einsatz der Impfstoffe unnötige Nachwirkungen durchaus vermeiden. Am Schluss liegt es beim Halter selber, ob er sich für oder gegen eine Impfung von seinem Tier entscheidet.

8. Genügend Miezen-Toiletten sollten natürlich auch vorhanden sein.

Miezen sind sehr saubere Tiere. Wenn Sie sich an folgende Vorschläge halten, sollten Sie keine Probleme oder Schwierigkeiten mit Verunreinigungen haben:

- Immer im Minimum eine Miezen-Toilette mehr bereitstellen als das Miezen im Haushalt leben.

- Nehmen Sie nicht zu kleine Miezen-Toiletten. Ob mit einer Haube oder ganz offen, hängt von den Stubentigern ab.

- Bleiben Sie bei der Miezen-Streu, die Ihre Liebsten mögen.

- Vermeiden Sie etwa parfümierte Reinigungsmittel.

- Miezen-Toiletten an ruhigen und sichtgeschützten Orten aufstellen.

- Miezen-Toiletten niemals alle nebeneinander platzieren.

- Kot und Urinklumpen müssen jeden Tag beseitigt werden.

- Bei nicht klumpender Einstreu reinigen Sie alle 1 bis 3 Wochen die Miezen-Toiletten mit heissem Wasser und einem geruchslosen Toilettenreiniger.

9. Wichtig ist, dass sich die Miezen bei Bedarf zurückziehen können.

Ab und zu möchten Stubentiger einfach für sich alleine sein, sie suchen sich dann oft ein ruhiges Plätzchen. Eine Miezen-Gerechte Wohnung sollte einige solcher Rückzugsorte anbieten. Je nach Befinden suchen sich Miezen höhlenartige, warme oder höher gelegene Plätze aus. Wenn Miezen einen Ort immer wieder aufsuchen, wenn sie ihre Ruhe haben möchten, dann sollte dieser auch immer beibehalten werden. Stubentigerminze oder Pheromone können dafür sorgen, dass sich Miezen oft an solchen Orten noch bedeutend wohler fühlen.

10. Die Sicherheit ist vor allem anderen zu gewährleisten.

Auf jeden Fall sollte eine Miezen-Gerechte Wohnung auch immer sicher sein. Sorgen Sie dafür, dass die Miezen nicht an giftige Substanzen oder Pflanzen heran kommen können.

Stromkabel sollten so verlegt werden, dass sie nicht zum Knabbern ermutigen, oder auch mit Kabelschutz umhüllt sind. Gekippte Fenster immer mit Keilschutz sichern.

Bringen Sie auf dem Balkon oder auch der Terrasse ein Schutznetz an. Auch vorsichtige Miezen können durchaus runterfallen. Schauen Sie Ihre Wohnung kritisch an und schauen Sie ob es sonst noch Gefahren für Ihre Miezen gibt.

Miezen benötigen sehr viel Ruhe!

Glückliche und Zufrieden sind Miezen vor allem, wenn sie all ihre natürlichen Bedürfnisse ausleben können. Dazu gehört auch sehr viel Schlaf: Die Hälfte des Tages halten sich die Miezen im Reich der Träume auf, etwa weitere 5 Stunden dösen sie vor sich hin und begutachten ihre Umgebung von einer am liebsten erhöhten Position aus. Nur ein etwa 1/4 des ganzen Tages sind die Stubentiger aktiv: In dieser Zeit spazieren sie durch ihr Revier, oder gehen auf die Jagd und spielen und betreiben Körperpflege.

Katzen wollen spielen.

Nehmen Sie sich mehrmals täglich Zeit, um mit Ihren Stubentigern ausgiebig zu spielen und zu schmusen. Welches Spiel Ihren Katzen am besten gefällt, hängt von ihrem Alter, der Fitness und der Veranlagung ab. Spielen Sie immer gemeinsam, das stärkt die Bindung. Wichtig ist es, aufzuhören, bevor das Spiel seinen Reiz verliert. Vergessen Sie nicht, am Ende für ein Erfolgserlebnis zu sorgen, beispielsweise mit einem besonders feinen Leckerbissen. Lesen Sie mehr zu den 4 Spielbedürfnissen.

Welche Spieltypen sind Ihre Stubentiger?

Ein hellwacher Blick, die Ohren gespitzt, das Näschen nimmt Witterung auf, alle Tasthaare sind auf Empfang gestellt – dies macht die Stubentiger zu nahezu perfekten Jägern, aber auch Spielpartner. Sie reagieren mit all ihren Sinnen auf Bewegungen, Geräusche, Gerüche und oft optische Reize. Dies sicherte ihnen bei der Jagd ihren Erfolg und das Überleben in der rauen Wildnis.

Auf das tägliche Spielen mit den Miezen soll und darf auf keinen Fall verzichtet werden:

1. Da es ein starkes Grundbedürfnis der Miezen ist und Miezen bis ins hohe Alter immer verspielte Wesen bleiben werden.
2. Weil es dem körperlichen, emotionalen und geistigen Wohlbefinden der Stubentiger dient.

3. Auch weil das Spielen die Beziehung vom Mensch zur Mieze festigt.

4. Weil das Spielen und Herumalbern und Herumtoben mit Stubentigern einfach auch grossen Spass macht.

Was den wilden Vorfahren der Haus-Miezen natürlich die Natur geboten hat, wird nun auch in den eigenen vier Wänden Ihres neuen Zuhauses durch interessantes Spielzeug leicht möglich. Auch Freigänger-Miezen freuen sich auf tägliche Spieleinheiten mit Ihrem Besitzer.

Miezen brauchen aber auch Artgenossen.

Miezen sind ja keine Einzelgänger und brauchen auch die Gesellschaft von Artgenossen, damit sie seelisch und körperlich gesund zu bleiben – auch wenn sie Freigänger sind. Deswegen sollten Miezen zumindest zu zweit gehalten werden. Sehr wichtig ist dies für Jungtiere, die durch das Spiel mit anderen kleinen soziale Verhaltensweisen lernen und festigen. Wer sich Junge Miezen ins Haus holt, sollte wie schon erwähnt zwei Exemplare aufnehmen.

Als Spielpartner für eine erwachsene Mieze eignen sich junge Miezen nicht sehr gut. Es ist empfehlenswert, sich im Tierheim nach dem geeigneten Familienzuwachs zu erkundigen. Denn zahlreiche liebenswerte Miezen und Katzenherren warten dort auf ein neues schönes Zuhause. Am besten passen gleiches Alter, gleiches Geschlecht und ähnlicher Charakter. Die meisten Miezen lassen sich mit etwas Geduld und Zeit zusammenführen.

Jungtiere dürfen erst mit 10 Wochen, besser noch mit 12 oder 14 Wochen vom Muttertier getrennt werden.

Training und Erziehung.

Es wird oft behauptet, dass man Miezen nicht erziehen kann. Das ist aber Quatsch und nicht richtig. Dazu später mehr! Stubentiger tun nichts, was sie nicht auch wollen. Die absolut wichtigste Regel bei der Miezen-Erziehung ist: Werden Sie niemals laut und bestrafen Sie Ihre Mieze nicht unnötig, dies wirkt sich zu negativ auf Ihre Beziehung aus. Viel besser ist die positive Bestärkung. Belohnen Sie alles, was Ihre Miezen richtig machen, mit einem Leckerli oder einem interessanten Spiel. So lernen sie sehr rasch, welche Aktivitäten sich lohnen und welche auch nicht. Jedoch kommt es hier auf das richtige Timing an. Geschieht die Belohnung mit zu grosser Verzögerung, können die Miezen den Bezug nicht mehr genau herstellen, was aber sehr wichtig ist.

Ein Hochwertiges Stubentiger-Futter lohnt sich auf jeden Fall immer.

Die artgerechte Fütterung ist das wohl Wichtigste für ein gesundes Miezen-Leben. Die Nahrung muss die richtige Mischung an Vitaminen, Mineralstoffen und Nährstoffen haben. Die Zusammensetzung richtet sich oft nach der Lebensphase und auch der Lebenssituation. Als reine Fleischfresser brauchen Stubentiger eine Menge an Proteinen und tierischen Fetten, die sie in Form von Fleisch, Fisch, Geflügel oder Ei aufnehmen. Im Weiteren brauchen Ihre Miezen die Aminosäuren Taurin und Arginin, essenzielle Fettsäuren, Vitamin A und Niacin.

Davon reichen schon kleine Mengen, diese jedoch sind lebensnotwendig für die Tiere. In hochwertiger Nahrung sind diese Inhaltsstoffe gut dosiert und in bester Qualität vorhanden.

Die gesundeste Nahrung für die Miezen ist die Kombination von Trocken- und Nassfutter.

Sowohl für Freigänger-Miezen als auch für Wohnungs-Miezen stellt die Kombination aus Trockenfutter und Nassfutter eine sehr ausgeglichene und gesunde Ernährung dar. Bieten Sie Ihren Miezen Trocken- und Nassnahrung immer getrennt und zu verschiedenen Zeiten an, da diese beiden Futterarten unterschiedliche Verdauungszeiten benötigen.

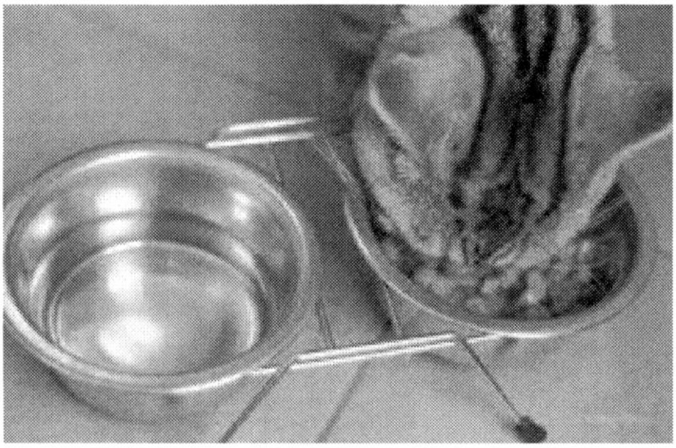

Miezen sind sehr wählerisch bei der Nahrung, reagieren oft empfindlich auf Nahrungsumstellung und fressen bei weitem nicht alles, was sich gerade so in ihrem Napf befindet. Dabei entscheiden sie sich jedoch nicht zwingend für die leckersten Brocken, zumal ihr Geschmackssinn im Gegensatz zum Geruchssinn gar nicht so stark ausgeprägt ist.

Bei Trockennahrung und Nassnahrung für Miezen sind Inhalt und Qualität sehr entscheidend.

Kohlenhydrate oder Stärke können Miezen oft nur sehr schwer verdauen. Trockenfutter hat im Normalfall einen höheren Anteil an Kohlenhydraten, und Ihre Stubentiger müssen viel Wasser dazu trinken. Dafür ist es für den Halter praktischer, sauber und auch oft günstiger. Weiter pflegt Trockennahrung die Zähne Ihrer Miezen.

Hochwertige Nassnahrung deckt den Flüssigkeitsbedarf zu guten Teilen und entspricht ziemlich präzise dem Nährstoffbedarf Ihrer Miezen.

Die gesunde Mischung für Miezen: Trocken- und Nassnahrung im Wechsel. Mit einer Kombination aus hochwertiger Trocken- und Nassnahrung bieten Sie Ihren Miezen eine Eiweissreiche und kohlenhydratarme Nahrung, also eine durchs Band gesunde Mischung. Ihre Miezen bekommen damit die Nährstoffe, die ihr Körper auch benötigt. Ideal ist oft, dass Ihre Liebsten mehrere kleine Portionen über den Tag verteilt zu sich nehmen und immer frisches Wasser dazu erhalten.

Im Normalfall essen die Miezen in Etappen und teilen sich ihre Mahlzeiten oft auch selber gut ein, da ihr Verdauungsapparat gar nicht auf grosse Mengen ausgelegt ist. Tendieren Ihre Miezen trotzdem dazu, den Napf zügig zu leeren, geben Sie ihnen besser mehrmals täglich etwas kleinere Portionen an Trocken- und Nassnahrung abwechselnd.

Nochmal: Wichtig ist bei der Gabe von Trockennahrung, dass Sie Ihren Miezen ausreichend Wasser in einem Extra-Napf geben. Katzenmilch kann ab und zu auch angeboten werden und stellt eine willkommene Abwechslung dar.

Ein stilles Örtchen für die Miezen-Toilette.

Der Standort der Miezen-Toilette ist sehr wichtig: An einem ruhigen Ort, aber nicht in der Nähe des Ess- oder Schlafplatzes, steht die Toilette richtig. Auch Freigängern sollten Sie Toiletten anbieten. Als Regel für die Anzahl gilt: je Mieze eine Toilette – aber besser noch eine Toilette mehr.

Die Grösse der Toilette ist auch sehr wichtig. Die Mieze muss sich darin umdrehen und auch strecken können. Die Einstreu sollte stets sauber und einige Zentimeter hoch eingefüllt sein, denn Miezen wollen oft auch gerne scharren. Vorsicht: Die Miezen-Toilette nie mit scharfen Reinigern putzen. Ihre Miezen könnten die Toilette verweigern, weil die Reiniger ihre feinen Nasen zu stark reizen.

Miezen sind von Natur aus wie wir bereits weiter oben erörtert sehr sauber und reinlich. Sie erledigen ihr Geschäft sehr Verantwortungsvoll, am liebsten sehr diskret und natürlich auch ungestört.

Deswegen ist der Platz der Miezen-Toilette enorm wichtig: An einem ruhigen Ort, aber auf keinen Fall in der Nähe des Ess- oder gar Ruheplatzes, steht die Toilette richtig. Wir raten auch vor Fensterplätzen ab. Von dort kann die Mieze eventuell andere Miezen sehen und sie als Bedrohung wahrnehmen. Dann ist die Miezen-Toilette kein sicherer Ort mehr. In Ecken sind etwa sehr gute Orte, damit die Mieze nur zwei Seiten absichern muss. Die Miezentoilette sollte einen fixen Platz haben, damit die Mieze sie blind findet. Wenn sie erst lange suchen muss, vergeht ihr vielleicht die Lust.

Es gibt übrigens auch Miezen, die für das grosse und kleine Geschäft nicht die gleiche Toilette benutzen möchten. Grundsätzlich gilt aber, je grösser, desto komfortabler. Für besondere Bedürfnisse gibt es kleinere Lösungen: Modelle für Reisen und Ausstellungen oder dreieckige Toiletten für kleinere Räume.

Eine Ecklösung ist zum Beispiel platzsparend, eignet sich aber eher als zusätzliche Toilette. Auch ist eine Miezen-Toilette Keine Anschaffung für immer. Urinstein setzt sich ab und stinkt den Miezen-Nasen. Deshalb sollten Sie öfter die Toilette erneuern. Die Grösse der Toilette ist entscheidend.

Die Mieze muss sich darin gut drehen und strecken können. Kann sie das nicht, wird sie sich vielleicht ein angenehmeres Örtchen in der Wohnung suchen. Miezen ekeln sich sehr leicht vor Unsauberkeit oder unangenehmem Gestank.

Deswegen ist auch ein wichtiger Punkt, dass die Miezen-Toilette leicht zu säubern ist. Im Grunde gibt es oft offene Schalentoiletten und geschlossene Toiletten. Offene Toiletten haben den Vorteil, dass sich weniger schnell ein unangenehmer Geruch für die Mieze bildet. Eine Miezen-Toilette mit Haube dagegen bietet eine gute Rückzugsmöglichkeit für die Miezen.

Die richtige Miezen-Streu ist ganz wichtig.

Die Streu in der Miezen-Toilette sollte immer sauber und mehrere Zentimeter hoch eingefüllt werden, denn Miezen wollen – wie auch in der freien Natur – scharren können. Die Streu ist in verschiedenen Varianten erhältlich. Wenn eine neue Mieze bei Ihnen einzieht, nehmen Sie am besten vom Vorbesitzer schon etwas Benutztes Streu und vermischen Sie es mit der Streu in der neuen Miezen-Toilette. Zu häufige spontane Wechsel sollten Sie jedoch vermeiden. Vorteilhafter ist es, die neue Streu mit der alten zu durchmischen. So erleichtern Sie Ihren Miezen den Wechsel und können sehen, ob sie mit der neuen Streu gut zurechtkommen.

Besonders die Langhaarmiezen verteilen die Streu sehr oft in der ganzen Wohnung. Diese bleibt aufgrund des langen Fells oft an den Pfoten haften und löst sich erst bei Bewegung wieder. Spezielle grobkörnige Streu vermindert die Streuspuren erheblich, da sie weniger oft am Fell kleben bleibt.

Dabei ist sie genauso saugfähig wie etwa ganz feine Streu und bleibt daher sehr lange auch sehr sauber und frei von unnötigen Gerüchen. Hochwertige Premiumstreu ist noch etwas saugfähiger und kann mehr als das zweifache des eigenen Gewichts an Feuchtigkeit aufnehmen. Auf diese Weise sparen Sie langfristig sehr viel Streu.

Auch die Fell-Pflege ist natürlich wichtig bei Ihrer Mieze.

Miezen sind sehr sauber. Im Durchschnitt verbringen sie 3 bis 4 Stunden jeden Tag mit der Körperpflege. Doch auch wenn sich unsere Miezen sehr gut um ihr Fell bemühen, ohne etwas Hilfe von uns geht es nicht. Vor allem während sie das Fell wechseln sollten auch Sie zu Kamm und Bürste greifen. Eine häufige Augen- und Ohrenpflege sowie Zahnkontrolle sind da auch absolute Pflicht.

Die Haut ist das grösste Organ der Miezen und stellt, je nach Alter, zwischen 15 und 25% des gesamten Körpergewichts dar. Die Haut hat die wichtige Funktion den Organismus zu schützen. Dafür muss die Haut jeden Tag einige Meter Haar, Hornhaut, Krallen und frische Hautpartikel bilden. So ist sie eines der produktivsten Organe, nicht nur beim Wechsel des Fells.

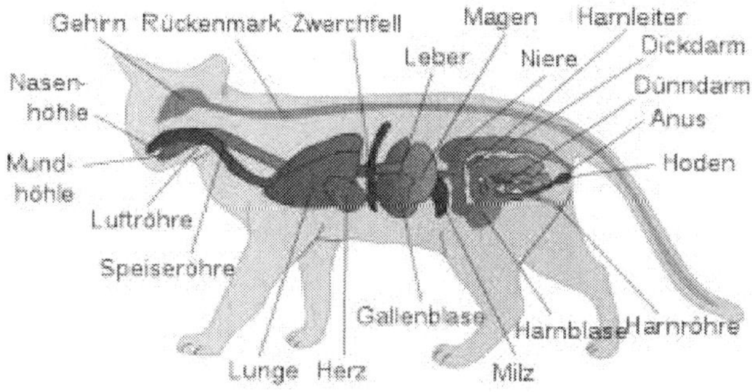

Sie können Ihre Miezen mit häufigem kämmen auch etwas verwöhnen. Eine wichtige Grundlage für eine gesunde Haut und damit für ein glänzendes Fell bei Miezen ist die Veranlagung des Tieres. Im Weiteren benötigt die Haut Ihrer Miezen wichtige Bausteine aus dem Stoffwechsel, damit sie die Um- und Neubauarbeiten gut ausführen kann.

Ein sehr wichtiger Baustein ist das Eiweiss: Je nach Jahreszeit werden bis zu 25 Prozent des täglichen Eiweissbedarfs zur Versorgung von Haut und Fell gebraucht. Auch Fettsäuren sind Bausteine der Haut. Dabei kommt es nicht nur auf die Menge von Fett, auch auf die Zufuhr der richtigen Fettsäuren über die Nahrung kommt es an. Besondere Funktionen erfüllen die Omega-3- und Omega-6-Säuren. Sie tragen dazu bei, kleinere Erkrankungen schneller zu heilen. Weiter benötigen Miezen Vitamine, vor allem Vitamin A, Vitamin-B und Vitamin E, Kupfer und Zink gehören dazu.

Veränderungen der Temperatur bestimmen den Zeitpunkt vom Wechsel des Fells genauso wie die unterschiedliche Tageslichtdauer. Ob stetiger oder saisonaler Wechsel des Fells: Dabei hilft nur tägliches Bürsten und Kämmen. Weil jedes Haar, das Sie rauskämmen, ist eines weniger auf Ihren Möbeln und oder Ihren Kleidern.

Sehr pflegebedürftig sind Miezen-Rassen mit langem Fell-Kleid. Auch wenn sich Miezen im Normalfall selber um ihre Körperpflege kümmern, müssen die langhaarigen Miezen fast jeden Tag gebürstet werden.

Nicht weggenommene Haare können sehr schnell verfilzen. Unter dem Filz können sich dann lästige Bakterien, Pilze und Ekzeme einnisten, wenn keine Luft mehr an die Haut kommt.

Wir empfehlen, für die tägliche Pflege das Haar erst mit einem breit gezahnten Kamm so zu bürsten, in die Richtung wo das Fell fällt, und danach mit einem schmalen Kamm.

Viele Miezen lieben auch eine sanfte Massage mit einer speziellen Bürste. Fellpflege-Zubehör wie der Furminator sorgen für bis zu 80% weniger lose Haare schon nach 2 bis 3 Behandlungen.

Decken oder auch Kissen auf den bevorzugten Plätzen fangen die Haare oft auch während der intensivsten Zeit auf und werden einmal pro Woche ausgewaschen. Wer keinen Trockner hat, kann die Haare mit der Bürste oder Gummihandschuhen wirksam aus Textilien entfernen.

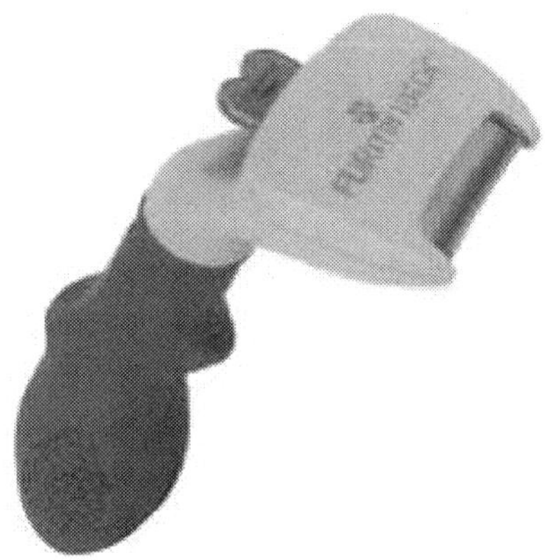

Ja den Zahnstein, und Karies gibt es auch bei Stubentigern. Deswegen ist Zahnpflege bei Miezen genauso so wichtig wie bei uns. Eine Regelmässige Zahnkontrolle bei Ihrem Tierarzt ist auf jeden Fall immer zu empfehlen.

Doch auch zu Hause sollte die Zahnkontrolle nicht vergessen werden. Mit speziellen Produkten können Sie dazu beitragen, die Zähne Ihres Stubentigers lange gesund zu behalten.

Essensreste und Bakterien, die sich im Maul der Mieze versammeln bilden einen weichen Belag und greifen das Zahnfleisch an. Wird dieser Belag nicht entfernt, können Entzündungen dazu führen, dass sich Zahnfleisch und Knochen zurückbilden und am Schluss der Zahn ausfällt.

In ganz schlimmen Fällen können sogar auch noch Herz-, Nieren- oder Lebererkrankungen ausgelöst werden. Mit guter Zahnpflege können Sie Ihre Miezen davor schützen. Belag können Sie selber entfernen. Zahnstein muss vom Doktor beseitigt werden. Untersuchen Sie die Zähne Ihrer Mieze Regelmässig. Wenn eines der folgenden Warnsignale auftritt, sollten Sie einen Termin bei Ihrem Miezen-Arzt buchen.

Stetiger Maulgeruch ist sehr oft ein starker Hinweis auf akute Zahnprobleme. Lassen Sie vom Miezen-Doktor die Ursache dafür genau abklären.

Zahnstein zeigt sich als gelbliche bis bräunliche Verfärbung und Ablagerung an Zähnen und Zahnhälsen, und muss vom Miezen-Doktor eventuell unter Narkose entfernt werden.

Ist der Zahnfleischrand nicht hellrosa, sondern dunkel gerötet, kann das auf eine Zahnfleischentzündung hindeuten. Dies sollte umgehend von einem Tierarzt untersucht werden.

Beobachten Sie bei Ihrer Mieze keines dieser Symptome, können Sie mit der Zahnvorsoge bei Ihnen im Hause anfangen. Gewöhnen Sie Ihre Mieze ans Zähneputzen und machen Sie die Zahnpflege zum täglichen muss.

Am besten ist es, schon bei kleinen Tieren auf die richtige Zahnpflege zu achten. Sehr wichtig ist, dass man dabei ganz vorsichtig und Schritt für Schritt vorangeht, und folgende Empfehlungen beachtet:

Achtung: Nicht mit Ihrer eigenen Zahnpasta reinigen, sondern immer ein eigenes Produkt, eine Zahncreme für Miezen verwenden. Sie können auch spezielle Zahnbürsten für die Zahnpflege benutzen.

Beginnen Sie mit dem Vorgang, wenn Ihre Miezen entspannt sind und mit Ihnen spielen möchten. Berühren Sie beim Streicheln ihre Lippen und ziehen Sie spielerisch und zärtlich mal die eine, mal die andere Lippe hoch.

Lassen Ihre Miezen die Berührung der Lippen zu, massieren Sie mit einem Finger sanft das Zahnfleisch. Stoppen Sie beim leisesten Anzeichen von Protest und kraulen Sie einfach die Lieblingsstelle Ihrer Mieze.

Schätzen Ihre Miezen die Zahnfleischmassage, können Sie ein wenig Pasta auf Ihren Finger geben. Geht auch das gut, können Sie es mit einem weichen Zahnbürstchen probieren und sanft die Zähne putzen.

Trockenes Futter und Leckerlis können auch helfen, Essensreste von den Zähnen zu beseitigen. Etliche Miezen kauen auch gerne wie etwa Hunde auf Knochen. Auch Hühner-Hälse oder andere Geflügel-Knochen sind verwendbar. Diese bitte aber nur roh anbieten, denn gekochte Kochen können splittern.

Die Inhalte dieses Buchs können einen Besuch beim Miezen-Doktor nicht ersetzen. Diese Informationen sollten hier nicht als einzige Grundlage für gesundheitsbezogene Entscheidungen angewendet werden. Bei Erkrankungen von Miezen und Verwendung von Medikamenten sollte ein Miezen-Doktor beigezogen werden.

Miezen haben ja bekanntlich ein sehr robustes Natürliches Fell und können 10 bis 25 Jahre alt werden oder noch älter. Damit Ihre Miezen bis ins hohe Alter gesund bleiben, ist eine gute Vorsorge entscheidend. Dazu zählen vor allem auch der Impf- und Parasitenschutz, die Vorsorgeuntersuchungen etwa beim Miezen-Doktor, Regelmässige Gesundheitsüberprüfungen zu Hause sowie die Kastration. Auch Wohnungs-Miezen sollten auf jeden Fall kastriert werden. Nicht kastrierte Stubentiger erkranken oft häufiger an Tumoren. Kastrierte Stubentiger sind ruhiger, ausgeglichener und anhänglicher, markieren weniger oft und werden in der Regel auch älter.

Stubentiger von Flöhen, Zecken und Würmern schützen und befreien.

Parasiten sind nicht nur sehr unerwünscht, sie können Miezen auch auf ganz viele verschiedene Arten sehr gefährlich werden und auch schädigen. Neben Juckreiz und Hautentzündungen können die Parasiten auch Durchfall und Entzündungen des Verdauungstraktes herbeiführen und dann auch noch lebensbedrohende Erkrankungen wie Ehrlichiose oder Babesiose übertragen. Ein sehr guter Parasitenschutz ist deswegen für die Gesundheit Ihrer Miezen wichtig.

Flohbisse verursachen starken Juckreiz und das ist psychischer Stress für Ihre Miezen. Zur Diagnose von Flohbefall gibt es einen ganz einfachen Test. Bürsten Sie das Fell Ihrer Mieze mit einer speziellen Flohbürste über einem feuchten weissen Tuch. Sehen Sie darauf kleine schwarzrote Krümel und werden diese nach dem Zerreiben braun, handelt es sich um den Kot von Flöhen.

Hat eine Mieze tatsächlich Flöhe, müssen nicht nur die Flöhe selbst auf dem Tierchen vernichtet werden, nein unbedingt auch die Parasiten in der Wohnung. Dafür gibt es Sprays. Zur äusseren Anwendung eignen sich Sprays und auch Spot-On Produkte und Flohhalsbänder. Im Weiteren gibt es auch Tabletten, Lösungen zum Eingeben und Injektionen, die verhindern, dass sich die Flöhe weiter ausbreiten.

Die Vorbeugung ist aber immer noch der beste Schutz von allen: Alle 5 bis 7 Wochen sollten Sie Ihre Miezen mit einem Schutzpräparat behandeln. Für Miezen gibt es Mittel, die einfach auf die Haut getropft werden. Sie helfen sehr gut gegen Flöhe, und machen auch noch Zeckenmonstern den Garaus.

Bewegen Ihre Miezen ständig den Kopf oder kratzen sich immer wieder am Ohr, liegt das meistens an bösen, lästigen Ohrmilben, die vom Miezen-Doktor behandelt werden sollten. Tun Sie öfters einen Blick in die Ohren Ihrer Miezen. Wenn Sie darin etwa einen schwarzen Belag finden, besteht der Verdacht auf Ohrmilben.

Die Zeckenmonster sind sehr oft für Freigänger-Miezen ein Problem. Mit ihnen ist nicht etwa zu spassen. Dass sie Borreliose auf Mensch und Tier übertragen können, ist Ihnen ja sicher auch bekannt. Und in den letzten paar Jahren ist auch die Anzahl der Infektionen im frühen Sommer stark gestiegen. Zum Glück sind Miezen nach dem aktuellen Stand wenig empfänglich für Borreliose.

Untersuchen Sie Ihre Mieze nach ihrem Freigang nach Zecken ab. Sollten Sie eine finden, entfernen Sie diese mit einer speziellen Zeckenzange. Noch besser ist natürlich die Vorbeugung. Das geht am besten mit Spot-On-Präparaten.

Auch eine Regelmässige Wurmkur ist vor allem für Freilaufende Miezen wichtig, aber auch Wohnungs-Tiere sind nicht vor einer Infektion durch Würmer geschützt, da die Bandwürmer fast immer durch Flöhe übertragen werden. Eine ordentliche Wurmkur hilft also auch ihnen.

Neben Bandwürmern befallen aber auch Spulwürmer die Stubentiger. Sie sind oft bei Jungtieren zu sehen. Ohne diese Wurmkur bekommen die jungen Miezen, den typischen aufgetriebenen Wurmbauch, ein zerknittertes Fell und oft auch Durchfall.

Doch nicht nur Miezen sind durch Wurmbefall gefährdet, sondern auch Sie als Halter der Stubentiger. Noch ein weiterer guter Grund für die Regelmässige Wurmkur.

Verlassen Sie sich bei Parasitenbefall nicht auf Hausmittel. Es ist bewiesen, dass Knoblauch, Hefe, Eukalyptus oder Minze Ihre Miezen überhaupt nicht schützen. Vertauschen Sie auch die Schutzmedikamente für Hund und Mieze nicht etwa.

Hinweis in eigener Sache: Die Buch-Inhalte können einen Besuch beim Miezen-Doktor nicht ersetzen. Diese Informationen sollten nicht als einzige Grundlage für gesundheitsbezogene Entscheidungen verwendet werden.

Bei Erkrankungen von Tieren und der Verwendung von Medikamenten sollte ein Miezen-Doktor konsultiert werden.

Ihr Liebling wird vermisst – das muss und darf nicht sein.

Obwohl bei Miezen keine Chip-Pflicht besteht, bietet diese Form aber auch bei Miezen etwa gewisse Vorteile. Sollte eine Ihrer Miezen weglaufen oder sich gar verirrt haben und gefunden werden, kann der Tier-Doktor oder auch das Tierheim die Nummer ablesen und mittels der Datenbank den Miezen-Besitzer ganz einfach ausfindig machen. Dabei gilt natürlich dass Sie immer Ihre Kontaktdaten aktualisieren. Der Mikrochiptransponder ist nicht grösser als ein Reiskörnchen und wird mittels einer Injektionsnadel im Bereich der linken Schulter unter die Haut geschoben.

zufrieden

Abschnitt 4

So erziehen Sie Ihre Katze richtig.

Stubentiger sind anmutige Tiere, die teilweise sehr eigensinnig sein können. Und trotzdem ist eine Artgerechte Erziehung unabdingbar. Wer ein Jungtier oder auch eine schon erwachsene Mieze bei sich aufnimmt, sollte ihr die Regeln im neuen Zuhause klar vor Augen führen. Die entscheidende Frage ist nur: Wie erzieht man eine Mieze korrekt? Wenn Sie sich die Bedürfnisse Ihrer Mieze genau vor Augen halten, sie artgerecht behandeln und ihr den nötigen Freiraum geben, funktioniert es auch mit der frustfreien Erziehung.

Wir geben Ihnen in diesem Beitrag einige Anregungen mit auf den Weg damit die Erziehung zum Kinderspiel wird.

Eine zum Teil auch berechtigte Frage, die sich Miezen-Besitzer immer wieder stellen: Ist es überhaupt möglich, eine Mieze zu erziehen? Ja klar das ist es. Achten Sie stets darauf, dass Sie Ihre Mieze zu nichts zwingen und sie nicht bevormunden wollen. Sobald sie sich gedrängt fühlt, zieht sie sich zurück. Die erfolgreiche Miezen-Erziehung ist somit akut in Gefahr. Mit ein wenig Einfühlungsvermögen, Geduld und Disziplin werden Sie Ihrem Liebling jedoch schnell zeigen, welches Verhalten sie von ihm erwarten und welches nicht. Bedenken Sie bitte: Jede Mieze ist halt anders und sollte auch so betrachtet werden. Kein Charakter gleicht dem anderen genau wie bei uns Menschen auch nicht. Wenn Sie stetige Probleme mit der Erziehung Ihrer Mieze haben, empfehlen wir Unterstützung zu holen.

Damit ein schönes und ausgeglichenes und harmonisches Zusammenleben mit Ihrer Mieze funktioniert, ist es nicht nur wichtig, dass Ihre Mieze Sie gut versteht. Es ist genauso wichtig, dass Sie Ihre Mieze verstehen. Und das ist gar nicht so schwer wie man ab und zu in die Runde wirft. Unsere Miezen zeigen uns durch Ihre Körpersprache deutlich, wie sie sich fühlen und ob ihnen etwas gefällt. Nun Sie haben ja jetzt die Katzensprache verstanden. Wenn nicht, bitte lesen Sie nochmal etwas weiter oben im Kapitel: Katzensprache!

Miezen wollen belohnt und getadelt werden.

Um Miezen richtig zu erziehen, sollten sich Halter über die Regeln in ihrem eigenen Haushalt zunächst im Klaren sein. Für den Lernerfolg ist Beharrlichkeit unabdingbar.

Wenn Sie Ihrer Mieze an einem schönen Sonntag erlauben, auf Ihr Bett zu springen und sie am nächsten Montag dafür bestrafen, verwirren Sie Ihre Mieze dadurch sehr stark. Plötzliche Regeländerungen können den gesamten Erziehungserfolg schnell gefährden. Deshalb: Diszipliniert und stark bleiben.

Wir Menschenwesen und die Tiere, lernen bedeutend lieber aus Freude als etwa aus Angst. Deshalb sollten Sie auch immer versuchen, Ihre Mieze für erwünschtes Verhalten zu belohnen und zu loben.

Diese positive Handlung prägt sich im Gedächtnis ein und stärkt die Bindung zwischen Ihnen und Ihrem Liebling. Ihre Mieze wird zwischen der Belohnung oder der Streicheleinheit und auch ihrem Verhalten rasch eine Verknüpfung herstellen und sich dadurch ihrem Zuhause schnell anpassen. Miezen sind sehr intelligente Tiere!

Sie können Ihre Mieze auch mit einem ganz klaren Nein tadeln. Ein klares Nein, Aus oder Hör jetzt auf sollte immer in der gleichen Tonlage erfolgen Schreien ist hingegen ist keine Option. Miezen sind sehr feinfühlige Tiere und verstehen den scharfen Ton in Ihrer Stimme ganz genau.

Wenn Ihr Stubentiger etwas Unerwünschtes bewerkstelligt, sollte das Nein gleich erfolgen. Zeigen Sie Ihrer Mieze, dass ihr aktuelles Verhalten nicht akzeptiert wird. Geben Sie Ihrer Mieze aber auch eine Verhaltens-Alternative. Wenn Sie nicht wollen, dass Ihre Mieze ihre scharfen Krallen etwa gar an der Tapete schärft, rügen Sie sie mit einem Nein und zeigen Sie ihr die Alternative des Miezen-Kratzbaums. Sobald Ihre Mieze den Baum benutzt, loben Sie sie wieder.

Die Stubentiger und die kleinen Miezen stubenrein machen.

Eine der wichtigsten Verhaltensweisen einer Mieze ist die Stubenreinheit. Vor allem Wohnungs-Miezen sind auf eine Miezen-Toilette angewiesen und auch Sie sind sicher zufrieden, wenn Ihre Mieze stubenrein ist. Wie gewöhnt man eine Mieze eigentlich an die Toilette?

Auch bei der Eingewöhnung an die Toilette gilt folgendes: mit Geduld und ohne jeden Zwang. Miezen sind sehr saubere Tiere wie wir bereits wissen. Ihre Exkremente zu vergraben gehört zu ihrem natürlichen Verhalten. Wenn Sie Ihrer Mieze eine Toilette zur Verfügung stellen, sollte dies an einem ruhigen Platze stehen, gut zu erreichen sein und nicht dauernd verschoben werden. Bleiben Sie zu Beginn stets in der Nähe Ihrer Mieze – besonders, wenn sie mit Essen beschäftigt ist. Die meisten Miezen wollen nach dem Essen die Toilette aufsuchen.

Das ist genau die Gelegenheit, Ihre Katze an die Toilette zu gewöhnen. Wenn Ihre Mieze allein in die Toilette steigt, loben Sie sie dafür sehr. Alternativ setzen Sie Ihre Mieze in der Miezen-Toilette ab. Erledigt sie dort ihr Bedürfnis?

Dann dürfen Sie wieder gut loben. Säubern Sie die Toilette nicht sofort nach der Benutzung. Ihre Mieze wird ihre Toilette mit ihrem Notduft-Geruch verknüpfen wollen. Diesen Vorgang sollten Sie öfters wiederholen, bis Ihre Mieze die Toilette akzeptiert und sie diese von sich aus benutzt.

Die Sozialkompetenz bei Einzeltieren oder Mehrfachhaltung.

Um mit weiteren Lebewesen friedvoll zusammenzuleben, brauchen Miezen wie auch wir Menschen eine ausgebildete Sozialkompetenz. Das heisst, dass eine Mieze genau weiss wie man sich rücksichts- und respektvoll verhält. Ob Sie eine oder mehrere Miezen haben hängt von Ihrer eigenen Lebensweise ab. Tatsache ist aber, dass Miezen in einer Paar- oder Mehrhaltung sozial kompetenter sind, da sie im Miteinander, Rücksicht, Respekt, Schmerz und Zuwendung erlernen. Ein ausgeprägtes Territorialverhalten, Futterneid oder gar Eifersucht kann einer Mieze abgewöhnt werden, wenn sie mit anderen Artgenossen zusammen ist.

Wenn Sie aber nur eine Mieze haben und ihre Sozialkompetenz üben wollen, ist das auch problemlos möglich. Durch das gemeinsame Spielen, Trainieren und streicheln lernt Ihre Mieze auch, wann ihr Verhalten richtig ist. Wenn Ihre Mieze Sie beim Spielen etwa kratzt oder Sie vielleicht sogar angreift, kann dies durch ein klares Nein und Abwendung sofort gestoppt werden. Ihre Mieze lernt dadurch, dass Ihnen ihr böses Verhalten gerad nicht gefällt. Ebenso verhält es sich auch bei der Nahrungsverteilung und im Territorialverhalten. Beide Bereiche verwaltet der Miezen-Halter, was Sie durch eine strikte Erziehung mit Lob und Tadel vermitteln.

Lassen Sie die Mieze einfach Mieze sein.

Ihre Mieze zeigt ein unerwünschtes Verhalten? Nehmen Sie es nicht auf sich selber bezogen. Ihre Mieze will Sie eigentlich gar nicht ärgern. Viele Verhaltensweisen stecken ganz einfach in der Natur Ihrer Mieze. Dazu gehören zum Beispiel das Stutzen der Krallen und nächtliches Herumspazieren. Sie werden Ihrer Mieze weder das Kratzen noch das Jagen verbieten können. Aber Sie können ihr lernen, wo und womit sie kratzen und spielen darf. Zeigen Sie Ihrer Mieze die Alternativen und bewegen Sie sie dazu, ihre instinktiven Bedürfnisse am dafür vorhandenen Zubehör zu befriedigen.

Eine Mieze zu erziehen ist eine spannende Arbeit, die mit viel Liebe und Geduld verbunden sein sollte. Wenn Sie es aber schaffen, Ihrer Mieze gewisse Regeln Ihres Hauses schön ruhig zu vermitteln, steht einem harmonischen Zusammenleben nichts mehr im Wege.

Das Klicker-Training für Stubentiger.

Eine weitere Erziehungsmethode für Miezen ist das sogenannte Klicker-training. Dabei wird ein positiver Reiz, der auf eine Verhaltensweise folgt, mit dem Klicker verbunden. Diese Art des operativen Lernens verspricht in den meisten Fällen große Erfolge und viele Katzen haben Freude daran. Wollen Sie mehr zum Klicker-Training erfahren?

Wenn Sie Ihrer Mieze kleine Tricks oder Kunststücke beibringen wollen, brauchen Sie viel Geduld und funktionierende Strategien, um zum Erfolg zu gelangen. Schließlich hat ja jede Mieze ganz ihre eigenen Vorstellungen von Zusammenarbeit. Während einige Miezen beim Lernen konzentriert dabei sind, ist bei anderen sehr viel mehr Überzeugung notwendig. Zuverlässige Tricks, um die Übungen zu vereinfachen, sind eine wertvolle Hilfe. Das Klicker-Training gehört dazu.

Einfach gesagt geht es beim Klicker-Training um eine Trainingsvariante bei der ein erwünschtes Verhalten der Mieze mit einem akustischen Taktgeber noch etwas verstärkt wird. Das Klicker-Vehikel selbst ist ein kleines Gehäuse mit einem Auslöseknopf, in das ein Stahlblechstreifen eingesetzt ist.

Beim Druck auf den Knopf wird dieser Blechstreifen verbogen und erzeugt ein kurzes, scharfes und knackiges Geräusch.

Die im Handel erhältlichen Klicker sind praktisch und einfach in der Bedienung, passen in jede Hosentasche und lassen sich an einem Band am Handgelenk oder auch um den Hals tragen, sodass sie immer griffbereit sind.

Jedoch kann der Klicker auch durch weitere akustische Signale ersetzt werden, wie etwa durch eine Klingel, Hupe oder Pfeife. Auch diese Utensilien verhelfen zum Erfolg.

Die Voraussetzung ist nur, dass etwa das Geräusch laut genug ist, um die Aufmerksamkeit der Mieze zu erhalten und in ihrer Umgebung gerade sonst nichts geschieht.

Im Weiteren sollten Sie sich beim Start des Klicker-Trainings auf ein Geräusch konzentrieren, da dieses während der Dauer Trainings nicht mehr veränderten werden darf. Das Klicksignal ist, im Gegensatz zu unserer Stimme, zuverlässig gleichbleibend und ohne Emotionen.

Die verschiedenen Lernetappen vom Klicker-Training.

1. Die Verknüpfungsphase: Zunächst muss Ihre Mieze den Klick mit der Nahrung verknüpfen. Die dieser Verknüpfungszeit, in der etwa die Mieze den Zusammenhang zwischen Geräusch und Nahrung herstellen kann, liegt nur bei 0,4 bis 0,6 Sekunden. Sie darf das Leckerchen auf keinen Fall schon vor dem Klick sehen. Verstecken Sie es in der einen Hand, klicken Sie mit der anderen Hand und geben Sie dann unmittelbar die Nahrung. Reagieren Sie auf keinen Fall auf Betteln der Mieze und achten Sie gut darauf, dass die Mieze nicht abgelenkt ist.

2. Die Belohnung: Danach ist die Belohnung fällig. Für das durch Training erwünschte Verhalten, ob es zufällig gezeigt oder unter Anleitung zustande gekommen ist spielt keine Rolle, belohnen Sie sofort mit einem Klick.

Hier ein einfaches Beispiel: Die Mieze soll auf einen Stuhl springen. Locken Sie die Mieze. Wenn Sie der Aufforderung Nachkommt, klicken Sie im Augenblick des Sprungs und geben der Mieze dann sofort die verdiente Belohnung.

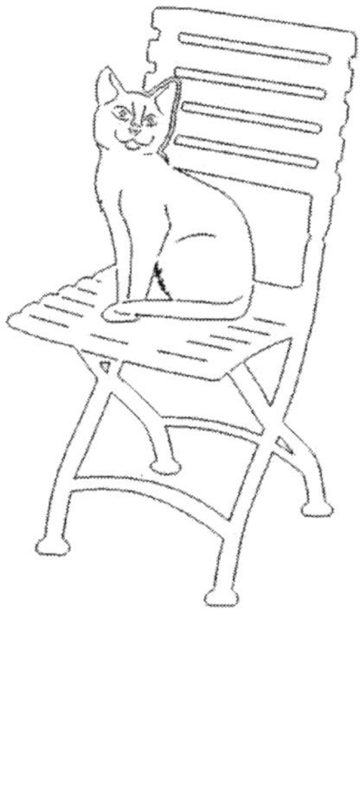

3. Der Schnappschuss: Das Klickgeräusch soll genau in dem Augenblick erfolgen, in dem die Mieze das von uns erwünschte Verhalten zeigt. Es ersetzt natürlich nicht die Belohnung, sondern markiert für die Mieze den konkreten Augenblick, in dem sie etwas richtig gemacht hat, und es kündigt an, dass eine Belohnung umgehend folgen wird.

4. Die Lenkung: Zeigt die Mieze beim Training Teilschritte hin zum von uns erwünschten Verhalten, belohnen Sie auch diese mit Klicker und natürlich mit Nahrung. Ein kleines Beispiel: Die Mieze soll sich auf ein Kissen setzen. Belohnen Sie bereits den Augenblick in dem die Mieze auf das Kissen zuläuft, und führen Sie sie nach und nach bis hin zum Sitzen.

Was für Lernübungen können Sie denn beim Klicker-Training für Stubentiger anwenden?

1. Sitz und bleib: Die Mieze soll sich an einer bestimmten Stelle niederlassen, etwa auf einem Stuhl.

2. Target-Training: Die Mieze soll ein Ziel mit der Nase berühren oder darauf zugehen. Dafür eignet sich ein Stab mit einem kleinen Objekt an der Spitze.

3. Bestimmte Bewegungen: Ist die Mieze etwa mit dem Target-Stab vertraut, kann man sie auch dazu bewegen, Männchen zu machen oder bestimmte Bewegungen zu zeigen, wie zum Beispiel im Kreis zu laufen.

4. Die Pfote geben: Um Nahrung zu bekommen, muss die Mieze Ihnen die Pfote geben.

5. Sprünge: Kleine Hürden überspringen oder durch einen Reifen springen.

6. Die Versteckspiele: Miezen lieben es sehr, sich zu verstecken und zu lauern. Wenn es dazu genug Gelegenheiten gibt. Zum Beispiel in Körben, Miezen-Tunnels und auch Kartons. Oder wenn Sie sich hinter Türen und Möbeln vor der Mieze verstecken, entwickelt sich oft ein schönes Such-mich-Spiel.

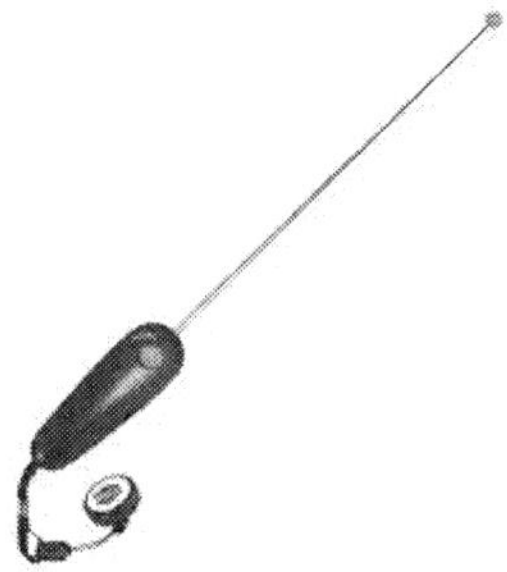

Abschnitt 5

Die Artgerechte Miezen-Ernährung.

Sie sitzen am Abend etwa auf der Couch mit einem Gläschen Wein, etwas Schokolade und schauen einen Film. Kaum senken Sie den Blick auf Ihre Füße, entdecken Sie Ihre Mieze. Erwartungsvoll und miauend fordert sie Sie auf, ihr etwas von den Leckereien abzugeben, die Sie gerade genießen. Na ja was soll's? Ein wenig Schokolade... Stopp.

Bei aller Liebe zu Ihrer Mieze. Wenn Sie wollen, dass Ihre Liebste ein langes und gutes Leben hat, sollte sie nur die Nahrung erhalten die auch für Miezen vorteilhaft ist.

Eine artgerechte Ernährung legt den Grundstein für ein gesundes Miezen-Leben. Es gibt natürlich auch ein paar Nahrungsmittel, die für Ihre Mieze gesundheitsschädigend oder gar sehr giftig sind. Diese sollten vom Speiseplan Ihrer Mieze gestrichen werden. Möchten Sie gerne erfahren, welchen Snack Sie mit Ihrer Liebsten teilen dürfen und welchen besser nicht? Im Folgenden stellen wir einige ungesunde und giftige Leckereien vor, die Ihre Mieze unter keinen Umständen fressen sollte.

Die nicht zu empfehlenden Leckereien für Stubentiger.

Es gibt eine Vielzahl von alltäglichen Lebensmitteln, die für uns Menschen gut zu verdauen sind, die unsere Miezen aber nicht essen dürfen. Und obwohl das Verdauungssystem vieler Miezen auf ungesunde Dinge reagiert, wissen viele Halter leider oft nicht, dass sie damit der Gesundheit Ihrer Mieze erheblich schaden können.

Aber ungesunde Nahrungsmittel sind natürlich nicht auch gleich giftig. Von Durchfall bis zum Versagen von Organen wie zum Beispiel der Niere ist leider alles möglich. Sowohl etwa die Menge des Lebensmittels als dann auch der Gesundheitszustand Ihrer Mieze spielen eine große Rolle. Im Allgemeinen sollten Sie Ihrer Mieze zum Schutz ihrer Gesundheit keine ungesunden oder unverträglichen Lebensmittel zu essen geben und besser auf eine artgerechte Ernährung achten. Wir stellen Ihnen nun sieben ungesunde Lebensmittel für Miezen vor.

Weintrauben.

Für uns ein Genuss, aber für Ihre Mieze ein geht gar nicht. Unsere Stubentiger vertragen weder Weintrauben noch Rosinen. Sie reagieren auf diese Früchte mit Durchfall, Übelkeit und Erbrechen. In manchen Fällen werden sogar die Nieren in geschädigt.

Zucker.

Bei uns dient Zucker einerseits der raschen Energiezufuhr und löst im Gehirn sogenannte Glückshormone aus. Auf der anderen Seite hat zu viel Zucker negative Auswirkungen auf unsere Zähne.

Unseren Blutzucker und die Bauchspeicheldrüse. Und natürlich ist es Genauso auch bei Miezen. Sehr viele Nahrungsmittelhersteller bieten oft zuckerfreie Alternativen an, sodass Sie Ihre Mieze ohne schlechtes Gewissen belohnen dürfen.

Milchprodukte.

Nicht wenige Miezen-Halter geben Ihrer Mieze auch gern ein Schälchen Kuhmilch. Was die meisten von ihnen aber nicht wissen: Fast alle Miezen haben eine Laktoseintoleranz. Die Voraussetzung, Laktose zu verdauen, verlieren Miezen mit der Zeit. Als Jungtiere besitzen sie noch Enzyme, um die Muttermilch zu verarbeiten. Mit dem Erwachsenenalter verschwindet die Produktion der Laktase aber, sodass die Miezen eben dann Laktose-Intolerant werden. Die Folgen davon sind unangenehme Dinge wie Durchfall, Blähungen und Erbrechen.

Rohe Eier.

Eier sind im Prinzip keine besonders ungesunden Lebensmittel für Miezen, denn sie enthalten Aminosäuren und Vitamine. Trotzdem haben Eier natürlich viele Kalorien. Die 80 kcal, die ein einziges Ei enthält, decken fast den gesamten Tagesbedarf Ihrer Mieze ab. Eine kleine Menge Ei aber stellt kein Problem dar. Schauen Sie aber darauf, dass Sie keine rohen Eier geben, da diese auch krankheitserregende Bakterien wie zum Beispiel Salmonellen enthalten.

Mariniertes oder rohes Fleisch.

Vorsicht ist auch bei Fleisch angebracht. Genauso wie rohe Eier kann rohes Fleisch gar Salmonellen beinhalten. Stark gewürztes Fleisch, das für den menschlichen Gebrauch angedacht ist, darf Ihre Mieze ebenfalls nicht fressen.

Das Salz und die, knoblauchhaltigen Gewürze belasten die feinfühligen Organe Ihrer Mieze und können auf der anderen Seite zu gefährlichen Vergiftungen führen.

Thunfisch.

Der allseits sehr beliebte Thunfisch enthält die organische Verbindung von Quecksilber. Diese kann bei Miezen jedoch auch erhebliche gesundheitliche Einschränkungen herbeiführen, weswegen sie nur in kleinen Mengen mit Thunfisch ernährt werden sollten. Wenn Ihre Mieze ein Thunfisch-Liebhaber ist, spricht eigentlich nichts gegen ein kleines Löffelchen Thunfisch. Achten Sie aber auf eine geringe Menge.

Kohl und Hülsenfrüchte.

Die Verwertung von Kohl und Hülsenfrüchten führt zu einer hohen Gasbildung im Darmtrakt. Für Miezen sind die dann daraus entstehenden Blähungen sehr mühsam. Für etliche Miezen sind etwa Kohl und Hülsenfrüchte sogar ganz unverdaulich und führen sehr oft zu Bauchschmerzen sowie Durchfall.

Kommen wir noch zu den giftigen Lebensmitteln!

Man könnte fast sagen, unsere Miezen hätten ein Gefühl dafür, welches Futter ihnen guttut. Eigentlich ist diese Annahme nicht falsch, da das Gehirn von Miezen in der Tat versucht, Gerüche einzuordnen Jedoch geschehen dabei immer wieder Fehler. Für Menschen gedachte Nahrungsmittel beinhalten häufig zu viel Zucker, Konservierungsstoffe oder Geschmacksverstärker.

Diese chemischen Zusätze machen es Miezen fast unmöglich, zwischen guter und schlechter Nahrung hier zu differenzieren.

Auch sind viele Miezen sehr neugierig und wollen seltenen Gerüchen nachgehen und neue Lebensmittel versuchen. Wer seine Mieze vor einem toxischen Schock beschützen möchte, vermeidet besser die folgenden fünf giftigen Lebensmittel.

Schokolade.

Warum ist nun Schokolade eigentlich giftig für Miezen. Der Grund ist das Theobromin in der Kakaobohne. Miezen können Theobromin nur sehr langsam ausscheiden, sodass sich dieses im Blut festsetzt. Wenn Ihre Mieze aus Versehen etwas Schokolade isst, können oft schon nach einigen Stunden gefährliche Vergiftungen auftreten. Eine Vergiftung durch Theobromin führt leider sehr oft zum Tod der Mieze.

Erste toxische Erscheinungen zeigen sich durch Krampfanfälle, Bluthochdruck, Erbrechen und Durchfall. Sie sollten deswegen dann hier umgehend den Tier-Doktor aufsuchen.

Lauchgewächse.

Lauchgewächse sind für uns Menschen unbedenklich und kommen in jeder Küche fast täglich zum Einsatz. Für Miezen jedoch sind Lauchgewächse in allen möglichen Formen sehr giftig. Wir reden hier von Zwiebeln, Knoblauch und Schnittlauch. Unwichtig ist etwa, ob roh, gekocht, gebacken oder getrocknet – Lauchgewächse führen bereits in kleinsten Rationen zu Vergiftungen bei Ihrer Mieze. Grund dafür ist die chemische Zusammensetzung dieser Pflanzenarten. Die Schwefelverbindungen der Lauchgewächse zerstören die Blutkörperchen Ihrer Mieze, was zu einer Blutarmut führen kann.

Haben Sie den Verdacht, dass sich Ihre Mieze vergiftet haben könnte? Zögern Sie nicht, sondern fahren Sie direkt zum Tier-Doktor.

Avocado.

Avocados beinhalten ungesättigte Fettsäuren und Vitamine. Sie gelten als wahres Superfood, aber nur für uns Menschen. Miezen dürfen sie auf keinen Fall fressen, denn für sie sind Avocados sehr, sehr giftig. Das darin enthaltene Persin wird von Spezialisten als stark toxisch eingestuft.

Rohe Kartoffeln.

Kartoffeln sind Nachtschattengewächse, die einen Giftstoff enthalten, der nur durch sehr starke Hitze entweicht. Der Giftstoff Solanin ist sowohl für uns Menschen als auch für Miezen sehr schädlich. Durch das Kochen tritt das Solanin aus der Kartoffel aus und landet im Kochwasser. Miezen die rohe Kartoffeln essen, oder das stehende Kochwasser versuchen wollen, wirken durch das Solanin neben den Schuhen. Neben der Verwirrtheit Ihrer Mieze treten auch starke Bauchkrämpfe und Grippesymptome auf. Wenn Ihre Mieze ein Kartoffel-Fan ist, sollten Sie sehr gut darauf achten, die Kartoffel absolut nur im gekochten Zustand zu geben.

Getränke wie Alkohol, Kaffee und Tee.

Uns steht eine große Palette an Genussgetränken zur Verfügung. Die einen mögen ihren Kaffee am Morgen, die anderen genießen ihren Wein dann am Abend. Und andere trinken gern reichlich Tee oder zuckerhaltige Energydrinks. Es ist oft nicht wichtig welches Getränk Sie zur Stimulierung Ihres Gemüts genießen, geben Sie hier Ihrer Mieze absolut gar nichts davon. Schon kleine Mengen Alkohol können für Ihre Mieze unabsehbare Folgen haben. Auch wenn Ihre Mieze eine Vergiftung durch Alkohol überlebt, sind Leberschäden und Magenprobleme so gut wie sicher. Auch führen Kräutertees, koffein- und zuckerhaltige Getränke zu Zerstörung der Leber, Nieren und Magen. Schon eine sehr kleine Menge Koffein genügt, um Herzrasen und Muskelkrämpfe auszulösen.

Ebenfalls den Giftstoff Theobromin findet man im Kaffee, weshalb Sie diesen unter keinen Umständen mit Ihrer Mieze teilen sollten. In vielen Fällen endet diese Handlung tödlich für Ihre Mieze.

Was Sie unternehmen können, wenn Ihre Mieze etwas Giftiges gegessen hat. Wenn Sie feststellen dass Ihre Mieze etwas Giftiges gefressen hat, sollten Sie sofort Ihren Tier-Doktor aufsuchen. Am besten stellen Sie Ihre Mieze dem Arzt vor, noch bevor sie Anzeichen von Vergiftungen zeigt.

Versuchen Sie bitte nicht, Ihre Mieze auf eigene Initiative zum Erbrechen zu bringen, sondern lassen Sie das dann Ihren Tier-Doktor regeln. Nur ein Veterinärmediziner weiß, wie er Ihre Mieze korrekt behandelt.

Wenn Sie sich nicht ganz sicher sind, ob Ihre Mieze etwas Giftiges gegessen hat, schauen Sie sie gut an. Folgende Hinweise zeigen sich sehr oft bei Vergiftungen:

- Die Mieze Erbricht
- Sie hat Durchfall
- Sie hat Schüttelfrost
- Sie hat Herzrasen
- Die Mieze hat Muskelkrämpfe
- Sie ist Verwirrt
- Sie hat Magenkrämpfe
- Die Mieze ist Schlapp
- Sie hat Bluthochdruck

Fazit: Riskieren Sie niemals eine Vergiftung ihrer Mieze, fragen Sie im Zweifel immer Ihren Tier-Doktor.

Misch-Fütterung für Miezen.

Sehr viele Miezen-Besitzer wollen ihrem Liebling gute Abwechslung bei der Ernährung bieten. Das ist aber nicht alles. Das angebotene Miezen-Futter soll gesund, nährstoffreich und lecker sein. Die Wahl zwischen Nass- und Trocken-Nahrung für Ihre Mieze ist sehr oft nicht immer leicht zu treffen. Durch die Kombination beider Nahrungssorten, können jedoch die Vorteile beider Nahrungsarten genutzt werden.

Welches Verhältnis etwa dann von Trocken- und Nassfutter Sie bei der Mischfütterung beachten müssen, damit es zu keiner Mangel- oder Überversorgung kommt, erfahren Sie in der fortführenden Lektüre.

Der wahrscheinlich hauptsächliche Unterschied zwischen Nassernährung und Trockenernährung für Miezen liegt dann oft im Wassergehalt. Während die Trockenernährung einen Feuchtigkeitsgehalt von nur etwa 10% hat, verfügt die Nassernährung für Miezen einen 50 bis 80% Wassergehalt. Das bedeutet, dass Trockennahrung oft viel länger haltbar ist als die Nassnahrung.

Der extreme Unterschied am Wasseranteil hat auch zur Folge, dass der Energiegehalt in der Trockennahrung kompakter ist und Ihre Mieze somit weniger davon braucht. Zum Vergleich zur Trockennahrung muss eine Mieze die viel grössere Menge an Nassnahrung zu sich nehmen, um etwa 100 Kilokalorien aus dem Futter aufzunehmen zu können.

Deshalb befürchten viele Miezen-Halter, die Trockennahrung geben, ihre Mieze würde dann zu wenig Nahrung zu sich nehmen. Durch die erhöhte Energiedichte ist das aber nicht der Fall. Von der Trockennahrung braucht Ihre Mieze einfach nicht so viel.

Nassfutter wird von vielen Miezen bevorzugt, da es aufgrund des höheren Wassergehaltes schmackhafter ist. Es eignet sich vor allem für Miezen, die eher etwas wenig trinken, da es einen ausgewogenen Wasserhaushalt fördert. Der Urin wird dank des höheren Feuchtegehalts stark verdünnt, wodurch Harnsteinen Einhalt geboten wird. Im Weiteren gilt hier das Nassfutter als artgerechter, weil es der natürlichen Ernährung von Miezen gleichkommt. Wasser kurbelt den Stoffwechsel richtig an und ist auch für die Regulation der Körpertemperatur sehr wichtig. Das ist ein weiteres nicht zu unterschätzendes Argument, das für die Fütterung von Feuchtfutter spricht. Aber natürlich auch Trockenfutter hat Vorteile, die sich bei der Mischnahrung positiv auf die Gesundheit Ihrer Mieze auswirken können.

Nur selten essen Miezen ihr ganzes Futter auf einmal auf. Viele Miezen genießen es, ein paar Mal am Tag zu speisen. Da das Trockenfutter weniger rasch verdirbt, kann die Tagesration ohne Probleme morgens in den Nahrungstopf gefüllt werden – ohne Risiko, dass es verdirbt. Ein Trockenfutter für Miezen fördert auch die Kaumuskulatur und stärkt den Kiefer.

Beim Kauen werden Zahnbeläge entfernt und die Mundhygiene dadurch gefördert. Ein oft gesundes Miezen-Futter kann daher ein Miezen-Gebiss unterstützen und der Zahnsteinbildung Einhalt gebieten. Für den Miezen-Halter ist das trockene Futter bedeutend weniger mit Arbeit verbunden Es ist oft billiger, geruchsneutraler und hinterlässt keine unnötigen Flecken auf dem Boden.

Statt aber Nass- und Trockenfutter in einer Futterschale zusammen zu mixen, sollten Sie hier die jeweilige Futtersorte in einem separaten Topf zu einer bestimmten Tageszeit anbieten.

Um den Energiebedarf Ihrer Miez durch Nass- und Trockenfutter ab zu decken, empfehlen wir, die Gesamtfuttermenge durch drei zu dividieren und dann wie folgt zu verabreichen.

Geben Sie Ihrer Mieze zwei Drittel der Nahrungsmenge in Form von Nassfutter und teilen Sie dieses wenn möglich in zwei Portionen auf, zum Beispiel in Frühstück und Abendessen. Das letzte Drittel der Futtermenge bekommt Ihre Mieze über das Trockenfutter.

Die gewogene Menge können Sie ihr in einem separaten Essbehälter bereitstellen, sodass sie diese über den Tag essen kann. Dies entspricht dem natürlichen Essverhalten einer Mieze Da Trocken- und Nassfutter sowieso unterschiedliche Verdauungszeiten haben, ist der Miezen-Magen durch die Mischernährung den ganzen Tag ausgeglichen beschäftigt. Bei der Feststellung des richtigen Energiebedarfs Ihrer Mieze sowie des Kaloriengehalts der Nahrung kann Ihnen ein Tier-Doktor oder auch ein Fachhändler behilflich sein.

Vorsicht gilt für verdauungssensible Miezen und Allergiker. Mischnahrung kann für Ihre Mieze eine gut verträgliche und gesunde Alternative sein.

Bevor Sie sich jedoch ganz für die Mischernährung entscheiden, sollten Sie prüfen, ob Ihre Mieze vielleicht schon Vorerkrankungen, oder auch gewisse Unverträglichkeiten hat. Verträgt Ihre Mieze zum Beispiel den Wechsel zwischen Nass- und Trockennahrung nicht einwandfrei, empfiehlt es sich, bei einer Nahrungsart zu bleiben. Vorwiegend bei Allergikern gilt ganz besondere Vorsicht.

Achten Sie bitte darauf, dass weder im Nass- noch im Trockenfutter Allergene Substanzen enthalten sind und dass bei beiden Nahrungsvarianten ein ausgeglichenes Fettsäuren-Profil vorliegt.

Diese Nährstoffe sind sehr wichtig für das Tier:

- Diverse Proteine
- Tierische Fette
- Kalzium
- Taurin
- Niacin
- Magnesium
- Vitamin A
- Phosphor
- Arginin

Nur weil Sie Ihre Mieze nun auf zwei Arten ernähren, bedeutet das natürlich nicht, dass Sie auf das Geben von Leckerlis verzichten müssen. Jedoch sollten Sie stets den Kaloriengehalt der Süßigkeit und den Tagesbedarf Ihrer Mieze im Auge behalten, damit es nicht zu Übertreibungen kommt. Es kann auch helfen, den Energiegehalt der Leckerli-Ration herauszufinden und von den üblichen Nahrungsrationen abzuziehen. Zudem können Leckerlis ins Training oder in ein Spiel einbinden. Das verbrennt die überflüssigen Kalorien, die durch den Snack aufgenommen werden.

Schlussfolgerung: Die Mischernährung für unsere lieben Stubentiger kann als durchraus abwechslungsreiche Alternative in Frage kommen.

Sollen Sie nun Nassnahrung, Trockennahrung oder lieber beides machen? Die Frage, welche Nahrung für Ihre Mieze das richtige ist, kann nicht abschliessend beantwortet werden. Viele verschieden Gegebenheiten sind individuell von Ihrem Liebling und seiner Gesundheit abhängig.

Die Mischernährung kann eine gute Lösung sein, um die Vorteile aus Nass- und Trockennahrung zusammen zu kombinieren. Sie sorgt auf jeden Fall für Abwechslung im Ess-Topf Ihrer Mieze.

In erster Linie kommt es aber auf die Qualität der Nahrung an: Hochwertig sollte die gewählte Nahrung sowieso immer sein, denn damit Ihre Mieze all ihre Sieben Miezen-Leben glücklich und gesund verbringen kann, ist die Nährstoffversorgung von größter Bedeutung.

Liebe Leserinnen und Leser. Wie versprochen stellen wir Ihnen noch zwei Katzenrassen vor. Wer weiss vielleicht ist ja Ihre Mieze auch dabei oder Ihre Zukünftige Mieze!

Die Bengalische Mieze.

Sie ist eine der jüngsten und trotzdem schon eine der teuersten Rassen. Dank einer oft steigenden Begeisterung erobert sie die Tier- und vor allem die Katzenliebhaber im Sturm. Aber was hat es mit der Faszination dieser Mieze auf sich. Woher stammt ihr charakteristisches Aussehen. Wie schlagen sich ihre Vorfahren in der Haltung nieder. Diese und weitere Antworten geben wir Ihnen im folgenden Text.

Die Merkmale der Bengalischen Katze.

- **Körpergröße:** Ca. 65 cm hoch.

- **Gewicht:** 6 bis 7 kg.

- **Fellfarbe:** Marbled, Spotted.

- **Lebenserwartung:** 10 – 20 Jahre.

- **Charakter:** Sehr temperamentvoll, aktiv und clever.

- **Erziehung und Haltung:** Braucht viel Aufmerksamkeit und weitere Miezen.
- **Mögliche Krankheiten:** Progressive Retina-Atrophie (Netzhautschwund).

Der Name Leopardette leitet sich vom Stammbaum der Bengal ab. Ihre Abstammung liegt in der chinesischen Leoparden-Mieze. Bei der Leopard-Mieze handelt es sich um eine Wild-Mieze, die in Bengalen lebt. Sie hat eine fast identische Fellzeichnung wie die Leopard, in der Größe ähnelt sie aber eher einer Haus-Mieze.

Die Amerikanische Forscherin Jana Miller arbeitete über 15 Jahre an der Kreuzung mit einer Haus-Mieze, bis offizielle Stellen ca. in 1990er Jahren die neue Miezen-Rasse als Bengale akzeptierten. Die Herausforderung bestand für sie darin, das Erscheinungsbild eines wilden Tieres mit dem fragilen Wesen eines Heimtieres zu vereinen. Als ein Hybrid aus einer Wild- und einer Heimmieze, die Bengal. Jedoch erst ab der vierten Generation als Haus-Mieze.

Nicht nur Tierschützer sehen die Züchtung von Hybrid-Miezen kritisch, auch Miezen-Liebhaber haben Bedenken an diesen außergewöhnlichen Rassen.

Dies liegt daran, dass Bengalmiezen und andere Hybride ohne das unsere Eingreifen nie entstehen könnten. Im Weiteren handelt es sich bei den ursprünglichen Zucht-Miezen um Wildtiere, die unter Schutz stehen. Für die Aufzucht von Bengal-Miezen holen Menschen chinesische Leopard-Miezen aus ihrer freien Wildbahn, um sie zur Kreuzung zu benutzen.

Auch ist die Verpaarung mit Haus-Miezen logischerweise mit etlichen Problemen behaftet. Sie sind den größeren und auch kräftigen Wild-Miezen körperlich sehr deutlich unterlegen und können deswegen dabei unter erheblichem Stress und auch unter Schmerzen leiden.

Auch kann es bei der Geburt Schwierigkeiten geben, weil sich die Dauer der Tragzeit sowie die Größe der Klein-Miezen bei Haus- und Wild-Miezen Unterscheidet. Die Bengalischen-Kätzchen können somit unreif zur Welt kommen. Sie brauchen dann unsere Hilfe und werden von ihrer Mutter sehr oft nicht akzeptiert.

Vor dem Kauf einer solchen Hybrid-Mieze sollten Sie sich dieser Tatsachen sehr bewusst sein und genau auf die Herkunft der Mieze achten.

Kaufen Sie nur Miezen mit einem bekannten Stammbaum von einem seriösen Profizüchter. Die Jung-Miezen sollten die vierte Generation aus der Aufzucht sein. Weil vorher sind die Einflüsse der Wild-Mieze noch zu groß. Im Weiteren fallen die ersten drei Generationen, die bei einer Vermischung mit einer Leopard-Mieze entstehen, unter das Tierschutzgesetz. Vorgaben wie ein 20 m^2 großes Gehege sind Pflicht. Ohne gültige Papiere kann Ihre Mieze dann einfach konfisziert werden.

Der Körperbau der Bengal ist nicht sehr groß, aber sehr gut proportioniert und wie der ihrer wilden Vorfahren sehr robust. Der robuste Körperbau kommt vor allem beim Kater sehr zur Geltung. Die Beine sind ziemlich lang, jedoch die hinteren noch etwas länger sind. Das ermöglicht den Bengalischen-Miezen eine erstaunliche Sprungkraft. Der Kopf des Tieres wirkt deswegen aber eher klein. Auf diesem thronen oft breite, abgerundete Ohren. Die hohen Wangenknochen richten den Blick auf die großen, grünen, mandelförmigen wunderschönen Augen. Nur bei der weißen Bengalischen-Mieze strahlen die Augen in einem ganz klaren Blau.

Das einzigartige Markenzeichen der Bengalischen-Mieze bildet die horizontal angeordnete Fell-Zeichnung, deren Grundfarbe unterschiedlich ist.

Die drei unterschiedlichen Fellzeichnungen der Mieze:

- **Marbled:** Das Streifenmuster, kommt auch bei anderen Miezen vor.

- **Spotted:** Einfarbiges Fleckenmuster.

- **Rosetted:** Zweifarbiges Fleckenmuster das sehr stark an Leoparden erinnert.

Bei allen drei Fellmustern sind die Miezen-Beine getupft oder gestreift.

- Bauch

- Innenseite der Beine

- Kinn

- Brust

Das Aussehen vervollständigen schwarze, dünne Umrandungen um die Augen herum, sowie um die Lippen und Nase.

Das aussergewöhnliche Muster der Bengalischen Mieze bestimmt klar den Preis auf dem Markt. Je ähnlicher es dem Muster eines Leoparden ist, desto teurer ist die Bengale. Die billigsten Fellmusterungen gibt es ab etwa 900 Euro.

Die wilde Herkunft wird bei der Bengalischen im feurigen Temperament deutlich aufgezeigt. Selbstbewusst ist sie immer auf Trab. Sie folgt uns Menschen fast überall hin, da sie viel Aufmerksamkeit braucht. Dabei ist sie eine sehr gesprächig. Andauern schnurrt, gurrt oder miaut sie je nach Gemütszustand. Freundlich und zufrieden genießt sie Streicheleinheiten und mag es sehr gebürstet zu werden.

Im Weiteren ist sie auch sehr freiheitsliebend und hat ein hohes Betätigungsfeld. Als Freigänger-Mieze bleibt sie oft die einte oder anderen Nacht fern. Jedoch kehrt sie immer wieder zurück.

Neben der körperlichen Bewegung fördern geistige Abwechslungen wie etwa das Target-Training oder das Klickern den hellen Geist der schlauen Bengalischen-Mieze.

Sollte Ihnen der Freigang zu riskant sein, sollte Sie für einen großen Garten oder einen gut gesicherten Balkon sorgen. Auch eine geräumige Wohnung oder ein Haus mit ausreichend vorhandenen Spielgelegenheiten mag die Bengalische in ihrem Alltag. Ein kleiner Teich im Garten, ein Wasserbecken zum Herumalbern findet die Mieze toll. Im Vergleich zu anderen Rassen ist sie eine natürliche Wasserratte.

Ebenso liebt sie es, wild herum zu klettern und zu springen. Dafür benutzt sie nicht nur den Kletterbaum, nein einfach alles was ihr gerade so zur Verfügung steht. Wenn aber eine kleine Wohnung die Beschäftigung einschränkt, kommt bei dem normalerweise freundlichen Tier die wilde Seite zum Vorschein. Mit ihrer explosiven Art kann es dann schon mal geschehen, dass keine Einrichtung vor ihr mehr sicher ist. Ihre scharfen Krallen zeigt sie ab und zu auch beim Spielen. Das könnte besonders bei kleinen Kindern nicht ungefährlich sein. Familien mit Kleinkindern eignen sich als Halter nicht besonders gut.

Um ihren Spiel- sowie Jagdtrieb auszulasten, braucht sie eine weitere Mieze als Weggefährtin.
Dabei sollte es sich aber nicht um eine ruhige Weggefährtin handeln. Diese wären dann sehr überfordert von der wilden Bengalischen-Mieze.

Wegen des Stammbaums bevorzugen die Bengalischen-Miezen oft etwa rohes Fleisch. Beim Verzicht auf solche Miezen-Nahrung müssen Besitzer natürlich zusätzlich Nährstoffe geben. Einfach ist es hier oft jedoch mit hochwertiger Fertignahrung. Diese hat bereits alle notwendigen Vitamine intus. Weshalb es eine sinnvolle Alternative auf der Menu-Karte darstellt.

Wenn die Mieze aber die Nahrung erbricht, sollten die Halter jedoch handeln. Unverträglichkeiten machen sich durch häufiges Kratzen, Putzen und auch oft Probleme beim Atmen bemerkbar. Für Allergieanfällige Miezen gibt es oft verträgliche Nahrung was bei der Bengalischen-Mieze doch eher sinnvoll ist.

Die strenge Aufzucht führte bei der Bengalischen-Mieze zu gesundheitlichen Problemen. Wie etwa Sehstörungen oder dann auch Herzleiden.

Seriöse Profizüchter bemühen sich hier zwar stets die Erbkrankheiten für weitere Generationen zu beheben. Trotzdem ist hier der jährliche Kontrollgang beim Tierdoktor aus unserer Sicht eine Pflicht.

Fazit: Ein Leopard für Zuhause ist nicht ganz so einfach!

Diese Mieze vereint alle Vorzüge ihrer Vorfahren: Die Bengalische-Mieze hat den liebevollen Charakter eines Schmuse-Tigers, dabei gleicht ihr Fell dem einer Wild-Mieze. Sie kann das Leben ihres Besitzers mit viel Liebe und Spaß begleiten solange er ihr die nötige Bewegung sowie viel Abwechslung bietet.

Aber bitte seien Sie sehr Vorsichtig vor unseriösen Händlern. Ein fehlender Nachweis über die Abstammung kann zu erheblichen Problemen führen – seien es Erkrankungen vielleicht sogar wegen Inzucht oder aufgrund von anderen Unzulänglichkeiten. Auch im Sinne des Tierschutzes sollte der Kauf einer Bengalischen Mieze sehr gut im Vorfeld überlegt sein.

Die American Curl Mieze.

Eine der seltenen Miezen-Arten der Weltweit. Die Amerikanische Curl ist sehr verspielt und steht dem Menschen sehr nahe.

Die Merkmale der Amerikanischen Curl-Mieze.

- **Besonderheit:** Die nach hinten abstehenden Ohren.

- **Fellfarben:** Es gibt halblanghaarige sowie kurzhaarige in vielen Fellfarben.

- **Körpergröße:** Sie ist mittelgroß, und eher schlank gebaut.

- **Gewicht:** Katzendame 2–4 Kilogramm, Katzenherr 4–6 Kilogramm.

- **Charakter:** Freundliche, aufgestellte Familienkatze, sehr schlau.

- **Erziehung und Haltung:** Ausreichende Beschäftigung ist ein Muss.

- **Mögliche Erkrankungen:** Keine typischen Rasseerkrankungen bekannt.

- **Lebenserwartung:** Ca.12 bis 20 Jahre.

Bei dieser prächtigen Mieze schaut jeder hin. Das besondere Merkmal der Amerikanischen Curl-Mieze ist nicht etwa ihr atemberaubend schönes, oft halblanghaariges Fell oder ihre fantastischen Mandelaugen. Es sind siehe da, ihre Ohren, die wirklich gebogen sind.

Wie eigentlich immer bei Abweichungen im Erscheinungsbild, wie etwa der Haarlosigkeit, den Knickohren, der Schwanzlosigkeit steht zu Beginn eine Genmutation, wie sie auch immer wieder vorkommt. Jedoch dass bei der Amerikanischen Curl mit Absicht weiter aufgezüchtet wurde. Fest steht auch, wer die Urmutter der Curl ist. Sie hatte einfach einen Amerikanischen Namen, und zwar Smit und kam aus Kalifornien. Aus diesem Grund sind dann wohl alle heutigen Curlmiezen irgendwie halt auch ein wenig Amerikaner.

Noch nicht so lange gelten die Miezen mit den auffälligen Ohren als anerkannte Rasse. 2005 wurden sie von der internationalen Amerikanischen Tierschutzbehörde anerkannt. Die Behörde hat unter anderem auch als Rassestandard eine präzise Beschreibung des Erscheinungsbildes der Ohren vorgegeben.

- Die Ohren sind offen und in sanftem Bogen nach hinten gebogen.

- Die Spitzen der Ohren sind gerundet und biegsam.

- Die Behaarung der Ohren ist wünschenswert.

- Gebogen mit einer Krümmung von 90 Grad.

- Die Krümmung darf total nicht mehr als 180 Grad sein.

Im Unterschied etwa auch zu den schottischen Faltohr-Miezen scheinen die Amerikanischen Curl-Miezen keine weiteren gesundheitlichen Probleme zu haben. Bis jetzt konnten noch keine Erkrankungen festgestellt werden, die mit der Vererbung der Ohren im Zusammenhang stehen.

Weder sind die Miezen etwa taub, noch haben sie andere Gebrechen im Gehörbereich. Trotzdem kann es nicht falsch sein, den Ohren genügend Aufmerksamkeit zu schenken. Sie zum Beispiel oft zu putzen. Über Krebs an den Ohren wegen starker Sonne gibt es keine verbindlichen Beweise.

Wenn die Kleintiere der Amerikanischen Curl auf die Welt kommen, haben sie nicht sofort bis zu 180 Grad gebogenen Lauscher. Erst nach einigen Tagen, mit dem Wachstum der kleinen, beginnen sich auch die Ohren zu wandeln. Es kann schon mal vorkommen, dass sie sich oft einrollen und dann wieder entfalten. So entstehen die Windungen und Drehung, die bei jedem Wesen etwas unterschiedlich ausfällt. Bei einer ausgewachsenen Mieze ist etwa die Hälfte der Ohrmuschel fest, die andere Hälfte ist beweglich.

Eventuell denken Sie beim Thema spezielle Ohren und Miezen auch an eine andere Rassenmieze, die Schottische Fold-Mieze. Auch hier ist der Grund der Knickohren auch eine Genetische Mutation, die mit Absicht weiter gezüchtet wurde. Jedoch aber betrifft diese Mutation aber nicht nur die Ohrknorpel. Diese Miezen galten eine Zeit lang als sogenannte Qualzucht, da die Mutation das ganze Knorpelgewebe des Rumpfes betreffen kann und zu sehr schweren Problemen mit den Gelenken führt und Schmerzen verursachen kann.

Es wäre natürlich nicht korrekt, würde man die so schöne Mieze auf ihre Ohren reduzieren. Denn die Curlies, ob lang- oder kurzhaarig, haben noch viel mehr anzubieten. Anders als die Schottisch Fold gilt die Amerikanische Curl als eine sehr robuste Rassen-Mieze. Das kommt von ihrem Haus-Miezen-Anteil, der auch gleichzeitig erklärt, warum es hier so viele Fellfarben- und auch Augenfarben gibt. Diese Mieze im Seidenfell ist viel weniger pflegebedürftig als etwa die Langhaarmiezen, denn sie hat so gut wie fast keine Unterhaare.

Ihr Wesen wird als sehr neugierig und sehr verspielt beschrieben. Deswegen kommt sie auch so gut mit Kindern aus. Sie liebt aber nicht nur kleine Menschen, auch alle anderen Zweibeiner und baut vertraute Beziehungen zu ihnen auf.

Jedoch ist sie aber nicht so gesprächig oder laut wie andere aus dem Orient stammenden Artgenossen. Sie ist stets zu Spiel und Blödsinn bereit, benötigt aber auch genügend Beschäftigung für Körper und Geist. Deswegen mag sie ausgedehnte Spaziergänge oder mindestens die Möglichkeit, sich auf einem Balkon an die Sonne zu legen.

Wo sollten Sie eine Amerikanische Curl am besten holen?

Weil die Art ja noch recht jung ist und aus den USA stammt, ist es im Deutschsprachigen Raum gar nicht so einfach, Miezen dieser Rasse zu finden. Die Amerikanische Curl ist nicht so bekannt wie die Schottische Fold und wird in Europa nicht so oft gezüchtet. Eigentlich wird sie zu den seltenen Rassen Weltweit gezählt.

Stets werden Kleintiere in Anzeigenportalen angeboten. Jedoch gilt hier, wie bei jeder anderen Rasse auch. Schauen Sie unbedingt darauf, woher die Miezen kommen und wie sie aktuell gerade leben. Begutachten Sie die Elterntiere und auch die Geschwister wenn vorhanden. Lassen Sie sich Nachweise zeigen. Die Preise für ein Jungtier liegen zwischen 600 und 900 Euro. Hat eine der niedlichen Curies Ihr Herz erobert? Wenn ja dann wünschen Ihnen viele schöne Stunden mir ihr!

Schlusswort

Liebe Leserinnen und Leser. Sehr gerne möchte ich Ihnen zum Schluss noch eine nette, kleine und lustige Geschichte Miezen-Geschichte erzählen.

Der Prinz auf der Erbse.

„Wärst du vielleicht bereit, unseren Kater für ein paar Tage zu nehmen, wenn wir im September etwa in den Urlaub fahren?“, fragte mich mein Kollege. „Natürlich“, antwortete ich spontan, „gar kein Problem!“ Schließlich hatten wir Igor, den braunen Britisch-Kurzhaar-Kater, im Frühjahr schon einmal für eine Woche als unser Gast und damals den Eindruck gewonnen, dass sich der kleine Stadtkater bei uns auf dem Land ganz wohl fühlte.

Sehr neugierig und sehr selbstbewusst war Igor im vergangenen April aus seiner Transportbox gestiegen, hatte die Wohnung begutachtet und sich dann gleich ganz zuoberst vom Kratzbaum auf dem Balkon niedergelassen. Er war aus dem Staunen gar nicht mehr weggekommen. Was gab es bei uns nicht alles zu sehen! Haushohe Birken und Fichten, Sträucher und Blumen, eine Wiese, viele Vögel, und vierbeinige Nachbarn. Und sogar Eichhörnchen!

Mit seinem Altersgenossen, unserem Mainecoon-Kater Heribert hatte er sich schon damals ausgezeichnet verstanden. Mit Kater Freddy eher weniger, aber man kann sich seine Gesellschaft ja nicht immer aussuchen.

Als mein Kollege seinen Kater im September wieder bei uns vorbeibrachte – mit eigenem Fressnapf natürlich und einen Sack voller Verpflegung im Gepäck – erwarteten wir nun, dass Igor pfeilgerade auf den Balkon zulaufen würde und seine geliebte Kratzbaumplattform in Gewahrsam nehmen würde. Aber was war denn nun los? Mit finsterem Gesicht saß er in seiner Transportbox, knurrte bedrohlich und weigerte sich einfach mal, seine Box zu verlassen.

Da die Box am nächsten Tag benötigt wurde, war jetzt guter Rat teuer. Den Kater vielleicht herauslocken? Ging aber nicht. Ihn aus der Transportbox herausziehen oder gar „herausschütten“? Ging aber auch nicht. Er krallte sich darin fest, als ob sein Leben gerade davon abhängen würde.

„Weißt du was?“, sagte ich zu meinem Kollegen, „du lässt mir die Box einfach da, und ich leihe dir eine von meinen. Wenn du dann Igor abholst, tauschen wir wieder. Genau so machten wir es. Mein Kollege verabschiedete sich. Igor knurrte immer noch ganz bedrohlich.

Ob er wohl seine letzten schönen April-Ferientage bei uns vergessen hatte? Unsere beiden Kater schienen sich auf jeden Fall an ihn zu erinnern. Heribert ging auf den kleinen Kerl im Käfig zu und wollte ihn begrüßen. Igor knurrte, fauchte und spuckte. Heribert trat erschrocken langsam den Rückzug an. Wäre er ein Mensch gewesen, hätte er jetzt wohl sehr verwundert den Kopf geschüttelt.

„Das wird schon wieder“ ermutigte mich meine Frau. „Niemand hält es doch durch, zehn Tage lang schlechte Laune zu haben. Nicht mal der Igor.“ – „Hm. Hoffen wir mal, dass du Recht hast!“ Im Moment sah es aber eher danach aus, als trainiere der Kater für die Weltmeisterschaft im Dauer-Miese-Laune-Haben. Er knurrte und knurrte.

Ich stellte nun Igor mitsamt seiner Transportbox in unser Büro, stattete ihn mit Futter, Wasser und Gäste-Toilette aus und sagte: „Gute Nacht, Igor. Wir sind gleich nebenan. Aber eins sag ich dir: Wenn du auch noch knurrst, während du schläfst, dann sperre ich dich ins Bad. Nachts will ich meine Ruhe haben!“

Ganz ruhig verlief die Nacht dann tatsächlich halt nicht. Man hörte es immer wieder rascheln und Knistern, wenn unsere zwei sich im Büro zu schaffen machten und ein Knurren und Kreischen, wenn sie dabei Igors Käfig etwa zu nahe kamen. Am nächsten Morgen steigerte sich das Schauspiel noch, als Heribert und Freddy Interesse an Igors Spezialfutter zeigten.

„Hilft alles nichts“, sagte ich, nachdem ich alle Stubentiger abgefüttert und die Katzenklos gereinigt hatte. „Mit dem ziehe ich aber jetzt also die klassische Quarantänenummer durch.“ Ich sperrte Igor im Büro ein. Der erste, der von der Arbeit kam, konnte ihn ja wieder herauslassen – falls er vom Rest der Wohnung überhaupt etwas wissen wollte.

Als ich am Abend nach Hause kam, stand die Bürotür bereits offen. Die Gästetoilette war benutzt stellte ich sogleich fest.

Auch das Nassfutter vertilgt und eine ordentliche Menge davon auf dem Teppich und in der Transportbox verteilt. Igor saß schon wieder in seiner Box und knurrte was denn sonst.

Du bist ein Pelzferkel", sagte ich zu unserem Gastkater. „Guck mal, wie das hier aussieht! Essen sollst du aber doch nicht gleich die ganze Bude damit vollkrümeln!" Ich holte den Staubsauger und rückte Dieser Sauerei zu Leibe. Als der Staubsauger das Innere der Transportbox berührte, machte Igor einen Satz aus seiner Box und er flüchtete in die Nische zwischen Regal und Schreibtisch. Von dort aus beobachtete er nun das weitere Geschehen mit scharfem Blick.

Die Transportbox war verwaist! Darauf schien Heribert schon lange gewartet zu haben. Er hechtete hinein und wälzte sich genüsslich darin herum. Wie ich die langen Maincoon-Haare jemals wieder von dem textilen Innenbezug herunterbekommen soll, ist mir zur Stunde noch ein Rätsel.

Unterdessen hatte Igor ganz in der Nische ein Stück Verpackungsmaterial gefunden, eine zusammengeknüllte Papierkugel. Heribert hatte am Vortag noch damit gespielt. Igor jagte die Kugel über den Boden, nahm seine Beute schließlich ins Maul – und knurrte schon wieder. „Ich fasse es nicht! Der knurrt sogar beim Spielen!"

Ich legte eine CD auf, auf der nichts drauf war außer eine Stunde Miezen-Schnurren. Alle drei Stubentiger schauten mir dann eine Weile beim Päckchenpacken zu – ohne zu knurren. Dann wurde es ihnen zu langweilig. Igor war der erste, der sich schlafen legte. Nicht in seiner Transportbox, denn in dieser räkelte sich ja unser Mainecoon-Kater. Igor rollte sich auf dem Teppich zwischen Schreibtisch und Regal zusammen.

Als er schlief, näherte sich Heribert auf leisen Pfoten, schnupperte an ihm – und schlabberte ihm einmal zärtlich mit der Zunge über den Kopf. Igor riss die Augen auf, fuhr hoch und kreischte in den höchsten Tönen. Der Anfall dauerte zum Glück nicht lange. Er befand wohl, dass eigentlich gar nichts Schlimmes passiert sei und bettete sich wieder zur Ruhe hin.

Wenn er sich schon durch so einen freundlichen Schlabberer aus der Ruhe bringen ließ, wie würde er dann die für den kommenden Tag geplante Hausputzaktion überstehen? Auch das Büro bedurfte einer Grundreinigung und ich hatte nicht die Absicht, um Igor und dessen Ausrüstung herum zu putzen.

Zum Glück war das Wetter schön, und so schleppte ich dann den heftig protestierenden Kater mitsamt seinem Transportkorb hinaus auf den Balkon und parkte ihn unter dem Blumentisch. Dort saß er nun, schaute finster – und knurrte. Auf einmal fesselte eine kleine Spinne seine Aufmerksamkeit, die direkt vor seiner Box herumkrabbelte.

Er vergaß, dass er ja eigentlich schlecht gelaunt sein wollte, kam aus der Box und schnupperte der Spinne hinterher. Dann sah er sich um. Plötzlich schien er die Umgebung wiederzuerkennen – und stürmte wie die wilde Jagd auf die Kratzbaum-Aussichtsplattform, die er vier Monate zuvor für sich entdeckt und beansprucht hatte.

Nun war der Groschen gefallen. Hier war er schon einmal gewesen, und hier würde ihm niemand etwas antun. Von da an wuselte er kreuz und quer durch die Wohnung. Das war einerseits gut. Und andererseits wieder nicht, weil man ihn andauernd suchen musste. Jede Katze – und bei uns haben sich schon sehr viele aufgehalten – findet neue Lieblingsplätze und Verstecke in der Wohnung.

Die eine kriecht in den Bettkasten, was man nie für möglich gehalten hätte, die andere linst auf einmal aus dem Gitter des stillgelegten Kachelofens und die dritte findet eine elegante Möglichkeit, auf den Wohnzimmerschrank zu gelangen und sich unsichtbar für den Betrachter hinter den Büchern schlafen zu legen.

Auch Igor war nun da recht erfinderisch. Als Schlafplatz hatte er sich das Badezimmer auserkoren. Damit er nicht auf einer schnöden Bedematte nächtigen musste, stellte ich ihm ein kreisrundes Plüsch-Katzenbett hin, das „Storchennest“. Dorthin zog er sich zurück, wenn er müde war. Er saß auch gerne hinter Türen oder unter dem Kachelofen. Das wusste ich alles noch vom letzten Mal.

Am Sonntag habe ich ihn trotzdem mit wachsender Panik gesucht. Vom Keller bis zum Dachboden habe ich jedes mir bekannte Katzenversteck durchkämmt. Ohne Erfolg. Er war wie vom Erdboden verschluckt. Er war doch nicht etwa in den Garten entwischt, als wir den Müll hinausbrachten? Um Himmels willen! Der arme Kleine! Und wie sollte ich das nur meinem Kollegen erklären?

Ich zwang mich zur Ruhe und überlegte, wann ich Igor denn zuletzt gesehen hatte. Das war ... als ich die Wäsche in die Schränke räumte. O ja, die Wäsche! Ahnungsvoll öffnete ich die Türen der Kleiderschränke. Und siehe da: Ganz unten auf einem Stapel Pullovern thronte Ivan und blinzelte mich verschlafen an. Mir fiel eine ganze Wagenladung Steine vom Herzen.

„Na, da bist du ja! Liegst da wie der Prinz auf der Erbse!" Ich lehnte die Schranktür wieder etwa an und ließ meinen Erbsenprinz weiterschlafen. Die Pullover waren nun schon vollgehaart, also konnte er genauso gut noch ein Weilchen liegen bleiben.

Nach gut einer Woche in unserem Haushalt hat sich angenehme Routine eingestellt. Ivan übernachtet in seinem „Storchennest" im Bad, die anderen beiden auf ihren Lieblingsplätzen im Wohnzimmer. Morgens werden als erstes unsere beiden Kater gefüttert – in der Küche. Dann serviere ich Ivan das Frühstück draußen auf seinem Balkon-Kratzbaum. Stilecht auf einem silbernen Tablett, wie es sich für einen Prinzen auf der Erbse gehört.

Dass ich kein anderes Tablett habe, spielt jetzt mal keine Rolle. Die Balkontür bleibt, solange er seine Mahlzeit einnimmt, verschlossen. Denn sonst würde das Spezialfutter unweigerlich in den Mägen von Freddy und Heribert landen. Erst nach dem Frühstück dürfen auch die beiden anderen hinaus. Inzwischen hat Igor sich auch daran gewöhnt, dass bei uns auf dem Land der Tag zwei Stunden früher anfängt als er das von zu Hause her kennt.

Wenn ich von der Arbeit nach Hause komme, knurrt Ivan nicht mehr, er schnurrt. Und er folgt mir sogar bis ins Bad und zur Toilette. Er lässt sich streicheln und knuddeln. Aber es war für alle Beteiligten doch eine große Aufregung, bis es so weit war.

„Meine Schwester nimmt auch Pflegekatzen", erzählte mir eine Kollegin. „Manche fühlen sich da schon wie zu Hause.

Vielleicht kann Igor ja im nächsten Frühjahr bei ihr unterkommen.“ „Da ist er womöglich vom ersten Tag an brav wie ein Lämmchen“, sagte ich. „Und bei mir macht er so einen Zirkus. Da wäre ich ganz schön blamiert!

Einen Versuch wäre es möglicherweise Wert. Vielleicht gefällt es ihm dort besser als bei uns. Doch, Igor, Schätzchen, sei so lieb und ruiniere nicht meinen Ruf als Katzensitter – führ dich auch bei der anderen Familie wenigstens ein ganz kleines Bisschen wie der Prinz auf der Erbse auf!

Liebe Leserinnen und Leser. Ich hoffe es hat Ihnen Spass gemacht diese kleine Geschichte zu lesen. Ich bedanke mich bei Ihnen für das Lesen dieses Katzenratgebers. Es würde mich sehr freuen wenn Sie eine positive Rezension hinterlassen könnten. Vielen herzlichen Dank und alles Gute.

Rechtliches

Impressum

[Nina Kluge] wird vertreten durch:

Angelo Philipona
Nassi 11
CH-3400 Burgdorf

Haftung für externe Links

Das Buch enthält Links zu externen Webseiten Dritter, auf deren Inhalt der Autor keinen Einfluss hat. Deshalb kann für die Inhalte externer Inhalte keine Gewähr übernommen werden. Für die Inhalte der verlinkten Webseiten ist der jeweilige Anbieter oder Betreiber der Webseite verantwortlich. Die verlinkten Seiten wurden zum Zeitpunkt der Verlinkung auf mögliche Rechtsverstöße überprüft. Rechtswidrige Inhalte waren zum Zeitpunkt der Verlinkung nicht erkennbar. Eine permanente inhaltliche Kontrolle der verlinkten Webseiten ist jedoch ohne konkrete Anhaltspunkte einer Rechtsverletzung nicht zumutbar. Bei Bekanntwerden etwa dann von Rechtsverletzungen werden derartige Links umgehend entfernt.

Printed in Poland
by Amazon Fulfillment
Poland Sp. z o.o., Wrocław

92660798R00065